【中国人格读库】

国家新闻出版广电总局
培育和践行社会主义核心价值观主题出版重点出版物

秋瑾传

高占祥 主编

李芸华 著

北京时代华文书局

图书在版编目（CIP）数据

秋瑾传 / 李芸华著 . -- 北京：北京时代华文书局，2015.6（2022.3 重印）
（中国人格读库 / 高占祥主编）
ISBN 978-7-5699-0267-9

Ⅰ．①秋…　Ⅱ．①李…　Ⅲ．①秋瑾（1877～1907）—传记　Ⅳ．①K827=52

中国版本图书馆 CIP 数据核字（2015）第 136447 号

秋 瑾 传
Qiu Jin Zhuan

主　　编｜高占祥
著　　者｜李芸华

出 版 人｜陈　涛
责任编辑｜邢　楠
装帧设计｜程　慧　段文辉
责任印制｜訾　敬

出版发行｜北京时代华文书局 http://www.bjsdsj.com.cn
　　　　　北京市东城区安定门外大街 138 号皇城国际大厦 A 座 8 楼
　　　　　邮编：100011　电话：010 - 64267955　64267677
印　　刷｜三河市嵩川印刷有限公司　0316 - 3650395
　　　　　（如发现印装质量问题，请与印刷厂联系调换）
开　　本｜787mm×1092mm　1/16　　印　张｜11.75　　字　数｜114 千字
版　　次｜2016 年 1 月第 1 版　　　　印　次｜2022 年 3 月第 3 次印刷
书　　号｜ISBN 978-7-5699-0267-9
定　　价｜39.80 元

《中国人格读库》编委会

社会主义核心价值观与中国人格

周殿富

社会主义制度在中国已经建立了六十余年，而我们党则在本世纪初叶提出了培育弘扬社会主义核心价值观的重大课题，显然是其来有自。

社会主义的道德风尚在新中国蔚然兴起，曾经那样地风靡于二十世纪中叶。邓小平同志曾经在改革开放中讲过，当年"这种风气不仅是中国历史上从来没有过的，而且受到了世界人民的赞誉"。然而可惜的是，这个在社会主义制度建立与实践中，同步兴起的社会主义道德风尚的成长道路，却是一波四折。半个多世纪以来，它先是与共和国一道遭受了十年"文革"的浩劫；接着便是全党工作重心转移到改革开放进程中，欧风美雨"里出外进"的浸洗濡染；再接着是西方"和平演变"在东欧得手的强烈震荡与冲击；最后又是市场经济中那两只"看不见的手"在搅动着、嬗变着人们的价值取向。至少在国民中出现了价值观上的多层次化，传统美德的弱化，社会道德文明水准的退化，光荣革命传统的淡化，这也许正是中央在本世纪初提出社会主义核心价值观的原因吧。

不管怎么"变"，怎么"化"，当我们回首来时路，却不能不说，中华民族真的很强大，很值得骄傲。人类经历了几千年的文明进程，堪称世界文化之源的"五大文明古国"，其他四大古国文明都已被历史淘汰灭亡，只有中国成了唯一的延续存在。近现代即使那般的积贫积弱，被西方列强豆剖瓜分、弱肉强食，想亡我中华都不可能，就连最强大的美帝国主义，最凶残的日本军国主义都成为我们的手下败将，而且打出了一个新中国，且跨过整整一个历史阶段，直接进入了社会主义。西方敌对势力几十年不遗余力地对新中国百般围剿，"冷战""热战""和平演变"手段用尽，连如此强大的前苏联乃至整个苏东阵营都被瓦解了，而社会主义的旗帜仍旧在960万平方公里的土地上高高飘扬，而且昂首挺胸地屹立在世界的东方，中国真的是太强大了。几十年来的瞩目成就，竟然令西方发出了"中国威胁论"。你管他别有用心也好，言过其实也好，总比让别人说我们是"瓷器"，是"东亚病夫"好吧？1840~1949年的一百零九年间，中国尽受别人的欺负、"威胁"了，我们也能让那些昔日列强有点"威胁感"，又有什么不好？更何况这是他们自己说的啊！我们并没吹嘘，也没有去做。几千年来我们侵略过谁呢？"反战""非攻""兼相爱，交相利"，中国古有墨子，近有周恩来、邓小平同志。这也是中华民族固有传统美德的延续吧！

生于忧患，死于安乐，这也当是中华民族的一个传统美德吧？几十年来尽管中国如此繁荣兴旺，但从邓小平生前一直到党的"十八大"以来，无论哪一届中央领导集体，从来都没有忘记过国之忧患。忧在何处，患在何处呢？

二十世纪八十年代末，邓小平同志曾经在半年的时间内四次提到：中国改革开放十年最大的失误在教育，在"对青年的政治思想教育抓得不够""对人民的教育不够"，足见他的痛心疾首。他晚年时又提到了"国格"与"人格"的问题，讲道："谈到人格，但不要忘记还有一个国格。特别是像我们这样第三世界的发展中国家，没有民族自尊心，不珍惜自己民族的独立，国家是立不起来的。"

（精装版《邓小平文选》第3卷331页。）

人们很少注意到邓小平的这一段话，但邓小平恰恰是在这里把"国格""人格"提升到了事关"立国"的高度。

那么，什么是我们社会主义的"国格"呢？邓小平讲得很明白："民族自尊心""民族的独立"。

新中国一路走来，我们最大的尊严便是完全靠"自力"，靠"艰苦奋斗"，而达"更生"之境。对西方敌对势力的"冷战""热战""和平演变"，我们何曾有过屈服？也正是在这一前提下，我们才有真正的"民族独立"。这就是我们的国格。那么什么是我们中国人的人格呢？邓小平同志在这里没有讲，但他在1978年4月22日召开的全国教育工作会议上的讲话中，在讲到我们的教育培养目标时，至少提到与社会主义人格相关的各个方面：革命的理想，共产主义的品德，勤奋学习，严守纪律，艰苦奋斗，努力上进，爱祖国，爱人民，爱劳动，爱科学，爱护公共财产，助人为乐，英勇对敌，集体主义精神，专心致志地为人民工作，等等。这里的哪一条不属于社会主义人格的范畴呢？

2006年党的十六届三中全会，第一次提出了"建设社会主义核心价值体系"的历史性命题和战略任务。2007

年，胡锦涛同志在"6·25"讲话中又具体提出这个"体系"包括四个方面的内容：①马克思主义的指导思想；②中国特色社会主义共同理想；③以爱国主义为核心的民族精神和以改革创新为核心的时代精神；④社会主义荣辱观。这四个方面，一是信仰，二是理想，三是精神，四是道德文明，哪一个不在社会主义人格的范畴之内呢？党的十七届六中全会又提到了社会主义核心价值体系是"兴国之魂"。

2012年11月，在党的"十八大"上又用"三个倡导"把社会主义核心价值观概括为十二项：①倡导富强、民主、文明、和谐；②倡导自由、平等、公正、法制；③倡导爱国、敬业、诚信、友善。而且中办文件又把这"三个倡导"分为三个层面：第一个"倡导"的四项，是国家层面的价值目标；第二个"倡导"的四项，是社会层面的价值取向；第三个"倡导"的四项，是公民个人层面的价值准则。实际上前两个"倡导"的八项都是属于"国格"范畴，而第三个"倡导"是属于"人格"范畴。

那么，我们怎样才能在前面讲到的那些历史嬗变中培育建构起这个"核心价值观"呢？中共中央政治局的第十三次集体学习，似乎很明确地回答了这个问题。

新华社北京2014年2月25日电讯称：中央政治局在2月24日，以弘扬社会主义核心价值观，弘扬中华传统美德为内容，进行了集体学习，习近平总书记在主持学习时强调：

培育和弘扬社会主义核心价值观必须立足中华优秀传统文化。牢固的核心价值观，都有其固有的根本。抛弃传统、丢掉根本，就等于割断了自己的精神命脉。博大精深的中国优秀传统文化是我们在世界文化激荡中落稳脚跟的根基。中华文化源远流长，积淀着中华民族最深层的精神追求，代表着中华民族独特的精神标识，为中华民族生生不息、发展壮大提供了丰厚滋养。中华传统美德是中华文化精髓，蕴含着丰富的思想道德资源。不忘本来才能开辟未来，善于继承才能更好创新。对历史文化特别是先人传承下来的价值理念和道德规范，要坚持古为今用、推陈出新，有鉴别地加以对待，有扬弃地予以继承，努力用中华民族创造的一切精神财富来以文化人，以文育人。

习近平总书记的这段论述相当精辟，对于如何培育建构社会主义核心价值观问题从四个方面剀切明白。

第一，他明确指出要在中华优秀传统文化的基础上，来构造我们的社会主义核心价值观，而不能割断历史。这一条十分重要，否则我们便会失去我们的本来面目，便会成为无源之水，也就无法走向未来。

第二，指出了中华传统美德是中华文化精髓，蕴含着丰富的思想道德资源。这就为我们揭示了社会主义核心价值观，要以弘扬优秀的中华传统美德为基础。

第三，他指出，对传统文化在扬弃中继承，在继承中创新。这就是说，社会主义核心价值观的内涵，既要有优良传统的文化精神，也要有时代精神，是二者的有机结合。

第四，他指出要用中华民族创造的一切精神财富，来化人育人。这就是说，弘扬中华民族文化，并不只是传承儒学那些道统，而是要弘扬全民族共创的优秀传统文化。同时也就是说，培育、弘扬社会主义核心价值观的根本目的是化民、育人。

尤其值得瞩目的是，习近平总书记在这次讲话中提到了一个"中华民族独特的精神标识"问题，而在同年的全国组织部长会议上又提出我们再也不能以GDP论英雄的思想。让人欣慰的是，思想道德文化建设终于被提升到一个民族的标识地位，这至少表明中国人的思想观念，并不落伍于世界潮流。

并不受人欢迎的亨廷顿生前给他的祖国提出的警示忠告，竟是如何弘扬他们没有多少历史和文化的"传统文化"："盎格鲁新教精神——美国梦"，以此为国家的"文化核心"问题。他讲道："在一个世界各国人民都以文化来界定自己的时代，一个没有文化核心而仅仅以政治信条来界定自己的社会，哪有立足之地？"所以，他提醒他无限忠于的祖国，一定要巩固发扬他们自入居北美以来，在新教精神基础上形成的"美国梦"理念的"文化核心"地位，这样才能消解这个国家的民族与文化双重多元化的危机。为此，他甚至预言美国弄不好会在本世纪中叶发生分裂。而且他公开预言不列颠大英帝国也会因民族与文化多元化的问题，导致在本世纪上半期发生分裂。

西方的一些专家学者们也十分强调国家民族文化的地位问题，柏克说："全世界的人根据文化上的界限来区分自己。"丹尼尔同样说："保守地说，真理的中心在于，对一个社会的成功起决定作用的是文化，而不是政治。开明地说，真理的中心在于，政治可以改变文化，使文化免于沉沦。"这些语言也可能有它们的局限性与某种非唯物性，但至少可以让我们看到那些发达的资本主义国家在想什么，至少与马克思主义经典作家们，关于意识形态并不总是消极被动地接受它的经济基础的论断并不相悖。

中国显然具有世界上最悠久的民族文化，同时显然也拥有世界上最强大的政治优势。新中国包括它直接进入社会主义的经济形态，以及其后的一次次经济变革，哪一次不是靠政治力量在强力推动呢？它当然同样拥有让我们几千年的民族文化"免于沉沦"的能力。有学人认为我们的民族文化早就被以往一次次的历史性灾难割裂了，这个看法显然都是毫无道理的。但我们当下却确实面临着"两个传统"失传失统的危险。中国的传统文化与优秀的民族美德，在当代国民中还有多少传承？老一代中国共产党人用生命与鲜血铸就的光荣革命传统，在党内还有多少"光大"？我们现在全民族的"核心文化"到底在何处？"社会主义核心价值观"的提出不仅符合世界潮流，也是使我们优秀的民族文化得以传承而不发生历史断裂的根本保证。富和强永远都不是一个民族的标志，哪个国家不可以富，不可以强？但能代表中国"这一个"本来面目，具有自己民族特色的，唯有中华民族的文化，能代表中国人形象的只有中国独具的道德人格。什么是人格？人格就是原始戏剧中不同角色的本来面目。

综上所述，我们是不是可以这样认为，社会主义核心价值观应内含如下的成分：中华民族传统文化中的优秀传统美德；中国人民近现代反帝反侵略反封建的爱国主义、斗争精神与中国共产党领导下形成的几十年光荣革命传统；中国化了的马克思主义有中国特色社会主义的共同理想；与"中国梦"远大目标相适应的时代精神。由这些内涵构成的社会主义核心价值观，用它来干什么呢？用习近平总书记的话来说就是"化人""育人"，把它再具体化一下，无非是打造能体现中华民族特色，代表中国形象的国格、人格。在思想道德层面上，一个国家的民族精神也只有在人的身上才能体现，所以我们依据社会主义核心价值观的基本要求，针对当代青少年的实际情况，策划了《中国人格读库》这样一套大型系列选题。

本套书承蒙全国少工委、中华文化促进会、团中央中国青年网三家共同主办推广，并积极提供书稿。难得高占祥老前辈热情出任该套书的编委主任，且高占祥同志不辞屈就加盟主创作者队伍。一些大学、中学教师与青年作者也积极加盟此套书的编写。该选题被国家新闻广电出版总局列为2014年全国社会主义核心价值观重点选题，在此一并鸣谢。

希望本套书的出版能为社会主义核心价值观的培育与弘扬，为促进青少年的道德人格养成起到积极的作用。欢迎广大读者与作家对不足之处批评教正，多提宝贵建议与指导意见。

谨以此代出版前言并序。

二〇一四年十月

于北京时代华文书局

引言

秋瑾是中国资产阶级民主革命时期的女革命家，是近代中国妇女解放运动的先驱，也是一位才华横溢的诗人。为了推翻封建专制统治，建立民主共和国，也为赢得婚姻自由、男女平等的权利，她勇往直前，视死如归，无所畏惧地献出了自己的青春和生命，在中国近代革命史上留下了浓墨重彩的一笔，激励着无数仁人志士前赴后继，为实现中华民族的解放事业而奋斗。正如郭沫若所说："秋瑾烈士是中华民族觉醒初期的一位前驱人物，她是一位先觉者，并把自己的生命奉献给了反封建主义和争取民族解放的崇高事业。她在身前和死后都起了很大的推动作用。"

秋瑾出身于世代官宦的书香门第，她的祖父为官清廉，父亲个性耿介，母亲深明大义，这样的家庭环境对秋瑾性格的形成有着积极的影响。秋瑾生性豪爽，钦慕侠士，常以花木兰、秦良玉自况，梦想着像男儿一样干出一番大事业来。少女时代的秋瑾，已经有了男女平等的思想，婚后生活的苦闷和不幸，使她进一步认识到妇女在家庭中、在社会上所受的种种歧视和折磨，从而坚定了她要解放妇女、争取男女平权的决心。八国联军侵华战争之后，秋瑾跟随丈夫王子芳来到北京，在目睹了官场的腐败糜烂、社会的贫穷黑暗和外国侵略者的飞扬跋扈之后，她那拯救祖国于危亡之中的心意一天比一天坚决。幸而此时她遇到了一生的至交吴芝瑛，经吴芝瑛介绍又结识了服部繁子。在她们的影响下，秋瑾阅读了大量的新书报，视野逐渐变得开阔起来，也更加关心国家大事。伴随着新思潮的激荡，秋瑾毅然挣脱包办婚姻的束缚，打算东渡日本留学。不过，这个想法被王子芳否决了，为了打消秋瑾的念头，他甚至窃走妻子的首饰，企图通过封锁经济来源让秋瑾回心转意。但是，此时的秋瑾已决心脱离家庭去寻找新的生活道路，她不顾丈夫的阻挠，多方筹资，终于登上了去日本的船。

东渡日本是秋瑾思想转变的一个关键点。在日本的时候，秋瑾一面认真学习，一面积极从事革命活动，表现得非常活跃。她和留日学生一起组织"演说练习会"，宣传民主革命和妇女解放，还重组了中国留日女生组建的共爱会，改名为"实行共爱会"，倡导女子留学、反对纳妾，对遭到遗弃的妇女进行救助。为了物色革命志士，秋瑾参加了以"推翻清朝反动统治，恢复中华"为宗旨的秘密革命组织"三合会"，并被封为"白扇"，也就是军师。交游广泛的她还结识了许多志在反清的爱国青年，如陈天华、宋教仁、陶成章、陈威、王时泽、冯自由等，都被她引为同志，一起讨论祖国的前途和救国的道路。经陶成章引荐，秋瑾在暑假回国时结识了光复会会长蔡元培，又在东浦认识了徐锡麟，从而初步了解了国内的革命形势，并且加入了光复会。二次东渡后，秋瑾正式进入青山实践女学附设师范班学习，接触了近代科学知识和资产阶级革命家的思想学说，为日后从事革命宣传提供了有利条件。经冯自由介绍，秋瑾结识了同盟会领导人孙中山和黄兴，并在东京黄兴寓所加入了同盟会。因日本政府颁布了《取缔清朝留学生规则》，陈天华蹈海自杀，秋瑾率领实践女校分校的中国女生参加反对取缔规则的爱国运动，并义无反顾地弃学回国。日本之行，使秋瑾的思想发生了巨大的变化，对革命的认识也有了显著提高，她已由一个具有真挚爱国热忱和勇敢抗争精神的新女性，发展为自觉而坚强的革命战士、时代觉醒的先驱者。至此，她把全部精力乃至生命，都奉献给了争取民族解放和妇女解放的伟大事业。

回国后，秋瑾前往浔溪女校任教，与女校校长徐自华和她的妹妹徐蕴华成为莫逆之交，在师生中播下了革命的火种。为了唤醒广大妇女，秋瑾四处筹资，在上海创办了《中国女报》，在女性读者中产生了很大的影响，成为抨击封建旧礼教和宣传妇女解放的一面旗帜。徐锡麟赴安庆前，邀请秋瑾主持大通学堂的工作，并相约皖浙同时发动武装起义。秋瑾利用自己的合法身份，尽量联络地方官吏以掩护革命工作，并以办学为名，屡次前往上海、杭州联系军界、学界，争取革命力量。为了做好武装起义前的军事准备，秋瑾等革命党人决定组建光复军，从而统一浙江会党的军事力量。安庆起义失败后，秋瑾不幸被捕，坚贞不屈，在绍兴古轩亭口英勇就义。

吴玉章说："秋瑾是中国近代史上一位女英雄，她为民族解放和妇女解放事业付出了自己的生命，从而成为旧民主主义革命时期中国革命妇女的楷模。"秋瑾的一生，是革命的一生，是伟大的一生，是由一名大家闺秀成长为民主革命家的一生。为了争取祖国的光明前途，她不惜抛头颅，洒热血，牺牲个人的一切，这种大无畏的革命精神，这种高尚的人格精神，不仅为中华民族的历史写下了光荣的篇章，而且永远值得我们学习和发扬。

目录

楔子

在整整一百多年 1907 年 7 月 15 日凌晨，黑暗笼罩下的绍兴古城一片沉寂。突然，城西方向传来阵阵嘈杂的声响，大批举着火把的士兵簇拥着一个脚蹬皮鞋的女囚犯，向东边的古轩亭口走来。她身着白色汗衫和黑色生纱绸长裤，双手被反绑在背后，受伤的脚踝上拖曳着沉重的铁镣，每走一步，就发出"当啷当啷"的刺耳声音，像是要敲醒还在铁屋中昏睡的人们。这位年轻的女囚犯就是革命家秋瑾。她知道自己正走向刑场，即将与救国救民的光辉岁月告别了。她不怕死，死对她来说不算什么，自立志推翻清政府的腐朽统治并为之奔走呼号以来，她早已把一己的安危生死置之度外。此刻，最让她放心不下的是她深深爱着的祖国和灾难深重的人民，她多想和战友们一起，继续为革命事业贡献自己的力量。在黎明前的黑暗中，她环视着躁动拥挤的人群，从容地闭上双眼，脸上忽然露出满足的表情，这一刻，她一定看到了不远处的未来。

一、颖慧少女，侠士风度

1875 年 11 月 8 日（农历十月十一日），秋瑾诞生于福建省厦门祖父的官邸。秋瑾的祖父名叫秋嘉禾，这时，他正在厦门、漳州一带做知县，儿子、媳妇随侍身边。秋瑾出生时并不叫秋瑾，而叫闺瑾，乳名玉姑、瑜娘，字璿卿，成年后又自取鉴湖女侠、汉侠女儿、竞雄、旦吾等作为字号。

秋家祖籍在浙江省绍兴府山阴县的福全山，先世以耕读为生。自秋瑾的高祖父秋学礼官任浙江秀水教谕以后，秋家的后人走向了"学而优则仕"的人生道路。秋瑾的曾祖父秋家丞历任华亭（现上海松江区）、青浦（现上海青浦区）、南汇（现上海南汇区，划规浦东新区）等地的知县，祖父秋嘉禾历任福建厦门海防厅同知补用知县、云霄同知等官职，父亲秋寿南历任福建、台湾、湖南郴州、直隶州知州等地方官，因此秋瑾家可称得上是官宦之家了。虽然世代为官，但秋家人很特别，一直保有耿介不阿、廉洁自好的品格，这在当时的官场上是非常难得的。这种家族传统也影响了秋瑾的成长。

作为一名诗人，秋瑾的文学根基是小时候和兄妹们一起，在母亲的教授和私塾的学习中打下的。秋瑾的母亲单氏出身浙江萧山望族，自幼受到良好的教育，极富才情，从孩子们牙牙学语时起，她就教他们读书识字，直到女儿们及笄之年辍读学习女红后，仍然督导她们自修诗文。单氏生有一子二女，长子秋誉章比秋瑾大五岁，比秋瑾的妹妹秋闰瑾大七岁。秋瑾和哥哥誉章的关系非常好，自结婚以后，从未断过通信联系，一直保持到秋瑾临死之前。十来岁时，秋瑾已经读了"四书""五经"，还背诵了许多词曲诗文集，并学会了写诗填词的本事。她从各种书本中汲取词句和典章故事，充分发挥自己的想象力，把身边的花鸟虫鱼、自然现象以及各种情感投入到自己的诗里，那泉涌的诗思、合理的诗章结构和精妙的遣词用句常常得到父亲的夸赞，秋寿南曾不止一次叹息道："如果是个男孩，将来在科举中必有成就。"

秋瑾也知道这一点，这让她经常为男女间的不平等而愤慨，常常在家人面前说："这个世界太重视男人了，不那么轻视女人的话，会出现很多女英雄的。"为此，她还作了不少感慨男女不平等的诗，如"今古争传女状头，红颜谁说不封侯"等，对秦良玉、沈云英、梁红玉、花木兰等历史上或传说中的女杰推崇备至。秋瑾博览群书，对于那些记载剑侠事迹的史书和传奇作品更是爱不释手。她钦羡西汉初年著名游侠朱家、郭解的

秋瑾

为人，称誉文天祥、陆秀夫、史可法、郑成功等民族英雄，尤为敬慕"风萧萧兮易水寒，壮士一去兮不复还"的荆轲慷慨赴死，痛惜"壮志饥餐胡虏肉，笑谈渴饮匈奴血"的岳飞因遭谗而被诬杀。这些爱国志士的立身行事，给秋瑾以强烈的感染，极大地促进了她爱国之心和豪爽个性的形成。此后，"仗义行侠"和"不畏死"作为秋瑾为人处世的道德标准，从这里萌生了。

秋瑾的少女时代，大部分在福建厦门、漳州等地度过，而作为通商口岸的厦门和海防重地漳州，都是外国侵略势力最先入侵的地方，当地人民所受的苦难和迫害格外深重。自1840年清政府在鸦片战争中战败后，外国资本主义的鸦片、商品、资本像潮水一样涌入，中国的原料、农副产品、劳力等财富被大量掠夺，使得越来越多的农民和手工业者破产，中国的社会经济结构也因之变得支离破碎。与此同时，日益增多的外国传教士和形形色色的侵略分子渗入中国各地，他们以征服者的姿态为非作歹，横行霸道，欺压乡民，使人们的处境更为悲惨。作为厦门一带的地方官，秋嘉禾常常接触同传教士、外国商人有关的事件，甚至不得不和那些飞扬跋扈的侵略者打交道，蒙受他们的凌辱。秋瑾眼见传教士态度恶劣，不仅屡屡恃强闯入祖父的办公场所，还提出种种无理要求百般侮辱，这使她受到了极大的刺激。看到祖父义愤填膺，愤慨不已，秋瑾心中的革命之火"腾"地一下被点燃了。

随着对外战争的接连失败，中国被迫签订了几十个不平等条约，祖国的广大领土被割让，数不尽的财富被"赔款"，从内地至沿海的多个城市沦为商埠、租界，中国的海关、金融、沿海航运和外贸被外国侵略者操纵，国内到处充斥着破产流浪的人群，中国社会在剧烈动荡，中华民族的危机日益加深。年幼的秋瑾虽然还不懂得许多救国救民的大道理，也不了解国内国际的形势，但身边耳闻目睹的这些悲伤情景，已使她滋生出对国家、对民族前途命运的担忧，她曾对母亲说："红毛人这样厉害，这样下去，中国人要成为他们的奴隶了！"心中侠士、豪杰的光辉形象激励着秋瑾，她梦想着像他们一样，振臂一呼，应者数万，轰轰烈烈地干出一番大事业来。所以，她很希望能向武艺高强的人求教，成为一个名副其实、文武双全的女英雄。这个愿望，在她十五岁回到绍兴老家的那一年实现了。

1891年初夏，秋嘉禾不愿再受外国人的欺压，带着家眷离开厦门，回到故乡，在绍兴南门租了一所名叫和畅堂的房屋。这所房屋，原为明神宗时大学士朱赓的府院，完全是明代建筑形式，三间四进，虽不甚宽敞，房间却是不少。秋瑾住在第二进左边楼下，她在这里创作了不少诗词，后来她担任大通学堂督办时，经常在这里邀徐锡麟、陶成章、王金发等革命党人召开秘密会议。和畅堂背靠塔山，传说塔山是勾践卧薪尝胆、观察星象、占卜凶吉的地方。秋瑾非常喜欢这座山，经常天一亮就跑到山顶，在那儿活动身体，练习武术。起初，单氏对女儿舞枪弄棒的举止常犯嘀咕，但不久就被秋瑾不同寻常的热情感

清朝末年贫苦农民

动了。她想到自己的四哥单宗勋武艺高强，正好可以教女儿学武，便带着秋瑾回了萧山娘家。秋瑾跟着舅舅学习拳法、剑技和棍术，每日间顽强刻苦地坚持训练，武艺很快有了进展，连骑马驰骋的本领都学会了。

"武"的方面，秋瑾通过不懈努力取得了预期的成功；"文"的方面，她在和畅堂里继续和哥哥、妹妹一起读书学习。也是这一年，十八岁的哥哥结婚了。嫂嫂张淳芝出身名门，具有与其门第相符的教养，秋瑾常和她唱和诗作，畅谈家庭和社会上的妇女问题。这一时期，或许是秋瑾一生中最无忧无虑的日子。她创作了大量吟咏"梅""杜鹃""芍药""秋海棠""菊"等花草的诗篇，完全不像后期以革命为主题的作品那样，满是刀光剑影，杀气腾腾。这时的秋瑾，眼光还局限在以诗文为中心的中国古典文学，对现实社会、国家大事的认识并不全面。不过，某次翻阅父亲的书橱时，秋瑾偶然读得黄宗羲的《明夷待访录》、顾炎武的《天下郡国利病书》和罗兰夫人的故事，书中的内容和精神让她大喜过望，而民族意识、革命思想，遂于此孕育了。

家庭的宠爱，古代豪侠的影响，环境的感染，不羁的自由生活，使秋瑾养成了果决爽利、豪迈仗义的性格，并鲜明地反映在她一生的立身行事当中。

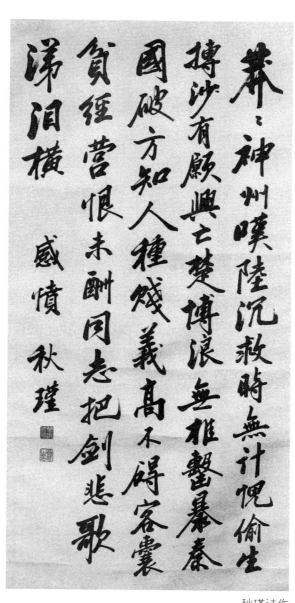

莽莽神州叹陆沉 救时无计愧偷生
搏沙有愿兴亡楚 博浪无椎击暴秦
国破方知人种贱 义高不碍客囊贫
经营恨未酬同志 把剑悲歌滞泪横

感愤 秋瑾

秋瑾诗作

二、彩凤随鸦，琴瑟异趣

　　由于秋寿南奉命前往湖南任职，在绍兴度过近三年自由生活的秋瑾，便随同母亲、哥哥和妹妹，于1893年冬天来到了长沙。因为听不懂湖南方言，也没有相熟的朋友，秋瑾每日间闷闷不乐，渐渐患上了思乡病。幸而此时，她在湘江边上邂逅了一位名叫陈阒生的姑娘，二人志趣相投，很快便建立了姐妹一般的亲密关系。

　　在长沙待了半年后，父亲又被调往常德，全家人也要跟着一起去。听闻秋瑾一家将要离开，阒生万分难过，她们还有很多话没讲，还有很多事没一起做呢。告别的那天清晨，阒生恋恋不舍，一边说着"再往前送一点，再送一点点"，一边把秋瑾送到离城很远的江边码头，泪眼蒙眬地望着秋瑾乘坐的小船渐行渐远。

　　在常德待了三个月后，秋寿南又被调为湘潭厘金办的总办，全家只好再次迁往湘潭。湘潭沿湘江设城，交通便利，加之物产丰饶，人口众多，商业非常繁荣。秋瑾逐渐习惯了这里的环境，她那奔放自如的精神状况也随之恢复了。然而单氏却一直为女儿担心，眼看女儿已经不小了，却对女红、做饭等家务事没有一点热情，一心扑在舞文弄墨、骑马练武这些事情上。但是女大当嫁，十九岁的秋瑾毕竟是一个待字闺中的大姑娘了。这年秋天，"父母之命，媒妁之言"的命运，终于降临到秋瑾的头上，她将要和城内十八总由义巷的王黻臣家结上关系了。

王黻臣是湘乡人，他的父亲王宝田本来是一个卖豆腐的小本生意人，因和镇压太平天国运动的曾国藩是同乡，得到机会在湘军中担任管账，乘机大大发了一笔横财。王黻臣利用其父的资金财力，购买了千亩良田，并携眷移居湘潭，在城里开了一家名叫"义源"的当铺，还经营了钱庄、茶馆等生意，并买进一座占地几十亩的大宅子，成了湘潭数一数二的大富翁。有钱之后，王黻臣就想谋求官职、附庸风雅了。他听闻厘金总办秋家的女儿才貌双全，便希望秋瑾能嫁给自己还未婚配的小儿子王子芳（字廷钧）。于是，王黻臣托秋寿南的朋友李润生，以曾国藩的孙子曾五爷为媒人，正式为幼子向秋家提亲了。秋寿南听说王子芳就读于名校岳麓学堂，通八股，善文墨，相貌又生得俊秀，很受王家夫妇宠爱，又以为孩子们的脾气秉性以及兴趣爱好等，婚后可以让他们夫妻二人自己慢慢去磨合，便答应了这门亲事。

于是，1896 年 5 月 13 日（农历四月初五），秋瑾和王子芳结婚了。这一年，秋瑾二十一岁，王子芳十六岁。但是，婚后的秋瑾并不幸福，丈夫王子芳打小养尊处优，没受过什么挫折，为人却妄自尊大，信口雌黄，还自视甚高，不爱搭理人，身上有东浪西荡的纨绔子弟习气。二人常常话不投机，几乎没有共同的生活志趣，更谈不上学问和爱国上的互相促进和鼓励。秋瑾越来越藐视丈夫，也越来越难以忍受王家的专制作风和铜臭气味。公公王黻臣不仅闭化守旧，怕强欺弱，还有暴发户突然得志的刻薄寡恩。而婆婆屈氏更是个性格暴躁、爱吹毛求疵的女人，她要求媳妇每日早、午、晚必须请安三次，不能有一点失礼，稍有过失一定会当面斥骂。不难想象，酷爱自由、性子刚烈、自尊心极强的秋瑾，生活在这样的家庭中，会是多么的煎熬。

　　秋瑾对自己的婚姻极度失望，甚至厌恶这种暗淡而不协调的家庭生活。但在当时的社会中，"出嫁从夫"是女子必须遵守的金科玉律。因此，不管王黻臣多么铜臭熏天，屈氏多么暴躁善怒，也不论王子芳如何不学无术、游手好闲，秋瑾都必须忍受，在王家消磨自己宝贵的青春年华。她在日本创作的《精卫石》，就是对自己婚后生活以及妇女不幸遭遇的强烈控诉："……并且把你关得紧紧，如幽囚犯人一样，有苦无门可诉，气死了，凌虐了，旁人也不能说句公平冤苦话。若又遇了恶的姑嫜，讨了一房媳妇，好似牢头增了一个罪囚，又似南美洲的人增了一口黑奴，种种虐待，务使你毫无生人之趣。儿子有罪，都归在媳妇身上；东西不见了，就说媳妇偷了，送娘家去了；儿子本不成材料的坏东西，反说我儿子本是好的，都是媳妇来了教坏了；家中或是生意折了本，或是死了人，有不顺遂之事，就是媳妇命不好的缘故。真如眼中钉、肉中刺一般，欲置之死地而后已。"

就在秋瑾结婚的前一年，清政府同日本签订了丧权辱国的《马关条约》，激起了全国人民的强烈反对。消息传到湖南时，秋瑾万分悲愤，而丈夫却摆出一副"事不关己，高高挂起"的姿态，他不能理解妻子为何对外界发生的事情这么敏感。他对秋瑾说："别整天想那些有的没的，打仗和你们这些小女人有什么关系，再说仗又不会打到湘潭，少不了你的吃穿用度，你就安安心心地照顾好我们这个家吧。"这种对国家前途命运漠不关心的态度，使秋瑾更加失望，夫妻间的隔阂越来越大。在王子芳看来，妻子忧国忧民的思想对家庭生活没有任何意义，他讨厌妻子怪异的举动。

《马关条约》签订的消息传来，在北京参加科举考试的康有为，发动一千多名举人"公车上书"，提出"拒签合约""迁都抗战""变法图强"的主张，把从19世纪70年代逐渐发展起来的改良主义推进为政治运动。接着，康有为、梁启超、严复等人，在北京、上海、广东、天津、长沙等地，积极创办报刊，组织学会，大力鼓吹变法。于是，轰轰烈烈的变法运动，迅速蔓延到中国的大江南北，震动着中国社会，改变着人们的思想观念。而秋瑾所在的湖南，正是此次变法运动最活跃的一个省份。湖南巡抚陈宝箴、按察使黄遵宪、学政江标大力推行新政，三四年内，湖南新学盛行，学会林立。而主张变法的谭嗣同、唐长才、欧阳中鹄、皮锡瑞、涂启先等人，也先后来到长沙，在他们的支持、推动和组织下，湖南的变法运动有声有色地开展起来。《湘学新报》（从第21册起改名《湘学报》）、《湘报》、南学会、时务学堂、致用学堂、校经学堂等宣传和组织变法的新阵地接连出现，誉满海内的梁启超也于1897年冬应邀到时务学堂任中文总教习。这些举措大大开通了当地的社会风气，使湖南成为全国最富有朝气的一个省份。

由于王家礼教甚严，处在深宅大院中的秋瑾，不可能投身到这些近在身边的维新运动中去，也不尽了解整个形势，但她隐隐觉得，这场运动会给沉沦在灾难深渊的祖国带来一线希望。不幸的是，1898年9月21日，慈禧太后等顽固派发动政变，扼杀了变法运动，希望的小火苗闪烁了百日就被扑灭了。得知变法失败后，秋瑾受到很大的打击。她更加关注《湘学新报》《湘报》等报纸杂志，还给在北京工部道路局供职的哥哥誉章写信，托他告知北京的情况和变法产生的影响。此外，秋瑾还阅读了陈天华的《谨告湖南人书》等秘密流传的启蒙小册子，暗暗下定了要坚持革命的决心，也使她更加同情苦难中的人民。

还在绍兴老家时，秋瑾就热心帮助贫穷的农民。秋家在福全山原有几分薄田，有一年，将它租给了一位姓曹的农民。偏

支持变法的光绪皇帝

任湖南巡抚时的陈宝箴

偏那年闹了灾荒，粮食减了产，曹姓农民便到秋家来说情，要求减租。秋瑾细细盘问了他的家庭情况，很是同情。她竭力说服母亲免了他的租，还送了他一袋米和自己积蓄下来的几块钱。过门到王家后，她还为女仆吴妈一家解了燃眉之急。因为吴妈的儿子在湘乡老家租种了地主曾家的田，有一年因为大旱无力交租，曾家几次讨租不成，便仗势欺人，写状纸给当时在湘乡任盐务督销的秋寿南，诬告吴妈的儿子是私盐贩子，要求将他彻底查办。秋瑾得知消息后，深深同情吴妈一家的不幸，痛恨曾家的蛮横，特地跑到湘乡去找父亲说明缘由，终于使吴妈的儿子免受缧绁之苦。

　　1899年，王黻臣用钱为王子芳捐了个户部主事的官，并亲自陪着儿子上京赴任。为了得到妻子的照顾，这年秋天，王子芳写信给秋瑾，催她来北京居住。于是，在家仆楚五和女佣香莲的陪同下，秋瑾带着三岁的儿子元德乘船来到了北京。秋瑾本来非常厌恶公公动用金钱为王子芳买官，但内心深处还有一丝期望，希望丈夫在远离了湘潭的酒肉朋友后，能够改变游手好闲的不良作风。可能是对买官之人的敬而远之，公署里的人并未给王子芳安排实质性的工作，他只是小心谨慎地应对官场上的人际关系，成了名副其实的闲差，还常常被下属奚落为"帽子"，身心异常疲惫。但是，为了掩饰自己在官场上所受的屈辱，王子芳喋喋不休地在妻子面前吹嘘自己的地位如何重要，如何受到上级的表扬等等。开始时，为了消除丈夫心中的烦闷，秋瑾还会耐着性子听他唠叨。久而久之，她对丈夫的话感到厌烦，觉得他心胸狭隘，只着眼于自己的活动范围，缺乏青年人的远大抱负。秋瑾本希望丈夫来京后，能够在这个充满新思潮的地方汲取政治养分，在思想上或多或少取得进步，和自己能有一些共同语言。可白天无事可做的王子芳，晚间却忙着应酬，他和新认识的"朋友"们喝酒赌博，常常玩到夜深才回家。这一次，秋瑾彻底失望了。"既然不能感召王子芳，那就让我自己去做革命志士吧！"她这样想道。

百日维新失败后，北京的政治气氛紧张而压抑。慈禧太后重新垂帘听政，清政府的上层官僚忙着应付这位执掌实权的"皇帝"，无心处理国内外的危机，下层官员则只顾徇私枉法，中饱私囊，贪腐之风已经渗透到政府的各级体系中去了。1900年初，北京的大街小巷都流传着这样一则消息：山东的义和团起事了。这场"扶清灭洋"的反帝爱国运动迅速席卷了直隶、山西等北方各省，规模日益扩大，严重打击了帝国主义的侵略势力。于是，清政府改变政策，对义和团由镇压转为利用。而帝国主义为了镇压义和团运动，扩大对中国的侵略，借口清政府"排外"，由日、俄、英、美、德、法、意、奥组成八国联军，进占北京，大肆进行烧杀抢掠。

为了避难，秋瑾和王子芳匆忙离开北京，回到了湘潭。之后，慈禧太后逃往西安，并派李鸿章为全权代表北上谈判，中外反动势力勾结起来，共同镇压了义和团运动。1901年，清政府又签订了丧权辱国的《辛丑条约》，赔款白银四亿五千万两。早已对"红毛人"恨之入骨的秋瑾，离京后不断听到八国联军肆虐北京、天津一带的消息，激愤异常。"漆室空怀忧国恨，难将巾帼易兜鍪！"秋瑾为自己空有报国之心却无力施展而倍感苦恼。

1901年秋，王子芳接到北京同僚的电报，催他早日回京。11月6日，夫妻二人带着儿子元德、刚刚满月的女儿桂芬和男女仆人，再度离湘赴京。到了长沙后，秋瑾去探访了小自己五岁的好姐妹陈阅生，却意外得知她已经过世了。原来阅生结婚后，感情生活并不如意，夫妻俩三天两头就吵一次架。一天，他们二人又吵起来了，丈夫竟然动手打了阅生，就在那天夜里，阅生吞下了大量鸦片，用被子从头蒙到脚躺在床上。第二天上午，烧饭的婆婆看到儿媳妇这么晚了还没起床，便去唤她，发现阅生蒙着被子一动不动，打开一看，早已咽气多时了。知道详情的秋瑾不禁俯身痛哭，就像自己亲身经历过似的，完全能够体会好友临终时的痛苦心情。面对流淌不息的江水，秋瑾发出这样的感慨："被扼杀了人生目标的人，即使年纪轻轻，也不过是激情燃烧殆尽的余生。"从此，追求妇女解放的愿望在秋瑾心里越来越强烈了。

秋瑾一行刚刚离开湖南，秋寿南便于11月26日病逝于湘南桂阳知州任上。秋瑾的兄长和庶出的弟弟将父亲的灵柩护送到湘潭安葬，并在湘潭租屋住下，同王子芳家合股，在城内十三

八国联军侵华

总开设了一家和济钱庄。秋瑾也在得知噩耗后返回湘潭，以便抚慰母兄弟妹。由于秋家所托非人，又不懂得经商之道，和济钱庄开张不到一年就倒闭了。从此，秋家在财、势两方面都一蹶不振了。王、秋两家的婚姻，本是建立在"门当户对"的基础上的。秋家败落之后，这一共同基础便不复存在了，王家也不可能去帮助秋家。于是，1902年的秋天，单氏带着家人离开湖南，回故乡绍兴去了。娘家的坎坷遭遇，亲人的无奈离别，使秋瑾在王家的日子越发寂寞和苦闷了。

1903年暮春，秋瑾再次赴京，与王子芳生活在一起。在这里，秋瑾即将迎来对她人生影响至深的时刻。

三、幸结芝兰，沐受新潮

途经上海时，秋瑾折回绍兴老家省亲，看望了住在和畅堂里的母亲、庶母和弟弟秋宗祥，之后又匆匆北上。抵京后，他和王子芳住在南城绳匠胡同，房子还算宽敞，租金是每月八两银子。

住了不久，秋瑾认识了住在北半截胡同的吴芝瑛。吴芝瑛是清末"桐城派"著名学者、当时任京师大学堂总教习的吴汝纶的侄女。吴汝纶思想开明，学贯中西，在学术、思想上对吴芝瑛产生了很大的影响。吴芝瑛幼承家学，才华横溢，不仅能诗能文，还写得一手漂亮字，为人正直而富有爱国心，是当时知识界中思想进步的新潮女士。她的丈夫廉泉曾参加过"公车上书"，新旧学皆通，属于赞成变法的一派，也是思想开明而爱国的人。廉泉和王子芳同在户部任职，因此两家走得很近。

吴芝瑛比秋瑾年长七岁，但她们之间并没有年龄上的隔阂，而是情投意合，一见如故，很快便结下姊妹般的情谊。她们两

维新志士谭嗣同

人都对诗词有着浓厚的兴趣和很深的造诣，思想又都倾向于革新，向往着种种传入中国的新事物。吴芝瑛家藏书甚富，不仅有经史子集、诗词歌赋等传统典籍，还有当时出版的大量新书、新报，这让秋瑾大为惊叹。她如饥似渴地用心阅读，并同近年来耳闻目睹的社会现实进行对照和思考，从而眼界大开，较为全面地了解了国内外的各种大事，还沐浴了风起云涌的革命思潮，思想境界得到很大的提升。"曾因同调访天涯，知己相逢乐自偕"，多年来苦于找不到志同道合朋友的秋瑾，对吴芝瑛非常敬重，两人日夕往来，过从甚密，感情日益加深，大有相见恨晚之感。于是，第二年农历正月，她们俩义结芝兰，立誓成为"贵贱不渝，始终如一"的盟姐妹。秋瑾死后，吴芝瑛为了实现她生前曾有过的"死后墓葬建在西湖之畔"的愿望而奔走操办，还被当局视作叛逆者的同党而被投入上海监狱，用行动见证了姐妹间的至深情谊。

1903年是个多事之年。这年2月10日，为争夺对东北和朝鲜的控制权，日本对俄宣战，主战场在中国东北。这场战争关系着中国的利益，而清政府却保持中立，不敢插手此事。4月27日，由各界有识之士组成的"爱国学社"在上海召开了反俄大会，上海爱国女校的校长蔡元培率先剪辫，参加军事训练。在清朝，"剪辫"意味着反叛。满族人在推翻明朝后，曾强迫所有的汉族男子"留发不留头、留头不留发"，以此显示谦恭、归顺之意，这对"身体发肤，受之父母"的汉人来说，无疑是

起兵讨袁、维护共和的蔡锷

一种屈辱的象征。因为梳着长辫子，清朝留学生在国外受到了各种各样的侮辱，常常被蔑称为"猪尾巴"。以反俄运动为契机，剪辫子的人士越来越多，各种革命活动也此起彼伏，而革命的中心，则在日本东京，主力是那些年轻的留学生们。

5月11日，在东京留学的湖南籍学生黄兴、陈天华、蔡锷等，将在日留学生于1902年组成的"抗俄义勇队"改名为"军国民教育会"，掀起了号召中国独立的反清革命。为了执行"军国民教育会"的计划，黄兴于6月离开日本，经上海沿长江逆流而上，于8月抵达湖北省省会南昌。南昌的"两湖书院"是黄兴的母校，他在那儿开了一场以"满汉的边境以及国体、政体的改革理由"为主题的演讲会，取得了极大的反响。湖广总督张之洞听过演讲后，命令湖北巡抚梁鼎芬逮捕黄兴，但梁巡抚特别欣赏黄兴的才能，对张之洞的命令睁一只眼闭一只眼。因此，黄兴没有被逮捕，反而在武昌停留数日，给军人、教师、学生散发留学生邹容的《革命军》、陈天华的《猛回头》等小册子，向社会各界宣传革命。之后，黄兴去了湖南长沙，召集了志同道合的12人，在彭渊恂家里成立了"华兴会"。华兴会成为日后孙中山创办"中国同盟会"的母体之一。

与此相应，上海发生了清王朝的最后一桩文字狱"苏报案"。《苏报》创办于1896年，本是一家很平庸的面向市民日常生活的报纸。1900年被陈范接管后，逐渐变为带有革命倾向的报纸。1902年，《苏报》开辟了"学界风潮"栏目，并成为《中国教育会》和《爱国学社》的机关刊物。1903年章士钊担任《苏报》主笔后，组织起一支以蔡元培、章炳麟、吴稚晖等激进的民主主义者为核心的作者队伍，首先吹响了革命反清的号角，在国内众多的报刊中独树一帜，显得锐气英发，俨然成为号召学潮的旗手。这一年，《苏报》刊出书介一则，向读者推荐邹容所著《革命军》和章太炎《驳康有为论革命书》的摘录。《革命军》指明正是清朝的统治导致了列强的侵略和国土被瓜分，而为了打破奴隶根性，争取人与生俱来的自由平等之权利，必须用革命手段推翻清朝的统治。邹容在文末写道："中华共和国万岁！中华共和国四万万同胞自由万岁！"《驳康有为论革命书》则站在鲜明的民主主义立场上，不仅逐条驳斥了康有为的改良谬说，还正面回答了革命必须流血的问题，并用历史事实证明光绪帝不过是"戴湉小丑"，他铤而走险支持变法是因为害怕慈禧太后废除自己。书介刊登后，立即引起了很大反响，对清朝的政治体制产生了巨大冲击。因此，《苏报》很快被查封，总编陈范以及邹容、章炳麟等六名革命党被逮捕。此案也波及在日的清朝留学生。

自义和团运动被中外势力联合绞杀后，惊魂未定的清政府意识到自己已四面楚歌，若不采取行动，自己的统治将岌岌可危，甚至陷入孤立无援的境地。为了欺骗人民，缓和舆情，争取更长时间的统治，从1901年开始，以慈禧太后为首的反动统治集团，假惺惺地又是下"罪己诏"，又是宣布"维新"，还派遣

黄兴与华兴会会员

大量的留学生出国学习。在这种情况下，越来越多的青年人走出国门，接触资本主义的文明，同时越来越多宣传外国资本主义政治、历史、哲学和科学的新书、新报，在中国广泛流传开来，冲击着禁锢知识分子思想的封建伦理纲常。"苏报案"发生后，慈禧太后对留学生非常恼火，甚至想将他们全部撤回。她认为，若留日学生都提倡自由民权，排斥清朝统治，那么派遣留学生将毫无必要。这一政策因为大臣强谏而没有实施，但清政府、日本政府以及主流的报纸社论等不断攻击革命党人，阻挠革命运动，使留学生的革命环境越来越不利，也越来越艰难，每时每刻都潜伏着巨大的危机。

对祖国前途命运的深切忧虑，对世界形势的认识，对古代侠士的向往，这一切使秋瑾再也不愿意待在王子芳身旁，过饱食终日、碌碌无为的日子了。她自感"人生处世，当匡济艰危，以吐抱负，宁能米盐琐屑终其身乎"。相反，为了巩固自己在户部的地位，王子芳特别注意经营人际关系，整日间忙着迎官拜客，阿谀奉承，还常常夜不归宿。此时的官场，最是腐朽不堪；今日迎官，明日拜客；遇着有势力的，又要去拍马屁；撞着了有银钱的，又要去烧财神；终日里揣测上意，指望升官。秋瑾几乎不愿和丈夫说话，夫妻间的隔阂越来越深。这年中秋，王子芳又要在家宴客，嘱咐秋瑾备酒。但到了傍晚，王子芳被人拉着应酬去了。秋瑾心情很是沉闷，于是她收拾好酒菜，第一次换上男装，带着仆人到戏院看戏去了。不料，这件事被王子芳知道了，他觉得自己作为朝廷命官的脸面被妻子丢尽了，于是气冲冲地赶回家去，一怒之下，动手扇了秋瑾一个耳光。秋瑾的怒火终于被点燃了，她冲出家门，在阜成门外的泰顺客栈要了一间房，决心离家出走。满腔愤怒的秋瑾后来用"彩凤随鸦鸦打凤"这样的诗句，来描写当时的情状及两人之间的关系。

第二天，王子芳害怕这件事情传出去给同僚笑话，便派家里的女仆给秋瑾送去一封信，恳请妻子回家，内容无非是"今后我一定痛改前非"之类，但秋瑾不为所动。于是，王子芳又拜托邻居吴芝瑛去劝说秋瑾。见面后，吴芝瑛对秋瑾说："现在你还没有明确的目标，对走出家庭也没有做好准备，这样感情用事，恐怕不能有圆满的结果，不如暂时回家，从长计议。"这时，秋瑾已经打算出国留学了。于是她打定主意，暂时回家筹措费用，收集信息，为出国做打算。但这个月底，他们夫妻之间又发生了矛盾。陶大均夫妇、廉泉夫妇以及他们的亲戚陈静斋，均来调解矛盾，但秋瑾夫妻之间的关系并没有因此得到改善。恰在此时，陈静斋带来了《留学倡导书》公函，上面详细地介绍了留学方法，秋瑾看后非常激动，想到只要准备一定的费用，就有可能马上去日本留学，她有点坐不住了。

勇往直前、力排阻挠，这是秋瑾立身行事的一大特点，她一旦认定了目标，就会锲而不舍地去争取，顽强勇敢地坚持下去。而二十世纪初，有一件对中国历史影响深远的大事发生了，那就是越来越多的青年出国留学。据统计，仅仅去日本的留学生，

1901 年有二三百人，1904 年就迅速增加到一千三百多人了。在当时国内掀起的留学浪潮的激励下，秋瑾决心不顾一切也要出国留学，去结识更多志同道合的战友，去寻求救国救民的真理，去学习新知识对国人进行启蒙教育。于是，她报名参加"东文学社"，开始学习日语，为出国做好语言上的准备。

但是，王子芳强烈反对秋瑾出国留学。不过，他知道妻子是个说一不二的人，要想让她放弃这个念头，得多花费些心思才行。所以，一方面，他给秋瑾买昂贵的衣服，以及一些与革命无关的消遣书画，还特意租了一辆车方便她看戏，以博得妻子的欢心；另一方面，他藏起了秋瑾陪嫁的珠帽、珠花等首饰，防止她变卖嫁妆凑足学费。他想尽各样办法，用了种种手段，企图以此阻止秋瑾出国留学。这使得秋瑾和丈夫之间的关系更加恶化，也使她强烈地体会到革命应该从家庭开始。她坚决冲破丈夫的一切阻拦，把剩下的项链、手镯、衣物等，委托友人陶荻子变卖，艰难地凑齐了必要的留学经费。同时，为了向当时弥漫整个社会的歧视妇女、把妇女当作玩物、视女子小脚为"美"之类的封建礼教和习俗挑战，她脱下红妆，换上男人的衣服、鞋帽，首先从形貌上把自己变成男子，表明自己和男人一样，并不存在地位上的不平等。显然，秋瑾的这种想法和做法还颇显幼稚，但也反映出她对封建礼教的蔑视和对出国留学的坚决。

正在秋瑾出国前夕，戊戌党人王照因变法之事入狱，秋瑾虽不赞成他改良主义的政治主张，但钦佩戊戌党人的爱国热忱，便毅然将学费的一部分托人送入狱中，作为营救费用，还嘱咐送款人不要告诉是何人送来。之后王照被赦出狱，方才知道秋瑾为自己所做的努力，当他想要登门致谢时，秋瑾却已坐着轮船驶向日本了。每每与人谈起此事，王照都会感激涕零。秋瑾与王照素昧平生，却能如此慷慨助人，由此可以看出她尚侠仗义的性格和高尚的思想境界。

因资助王照，秋瑾的学费告急，于是她决定南下再筹学费。1903年冬，秋瑾回到阔别已久的绍兴，去向母亲告别，并把一双儿女托付给母亲。知道女儿缺少学费，单氏拿出三百两白银和首饰等物品，这对已经破败的秋家来说，算是尽了最大的努力了。之后，秋瑾去了上海，打算在那里寻找志同道合的人，以便一起去日本留学，但这个愿望落空了。在上海住了数日，使秋瑾对这座纸醉金迷、笙歌遍地的城市异常讨厌，她对人们不关心国家存亡甚是愤慨，决心赶快离开这满眼俗氛的地方。

1904年春节刚过，秋瑾回到北京，为出国作最后的准备。这年3月，她参加了由吴芝瑛发起的"妇女谈话会"，和欧阳夫人、服部繁子、陶荻子等人一起交流思想。正是在这次会议上，秋瑾结识了京师大学堂日籍教习的妻子服部繁子。服部繁子是男女平权和女学的提倡者，她向秋瑾讲述了日本女学，二人言谈颇为投机。4月上旬，陶荻子约了一群北京的朋友，在陶然亭为秋瑾饯别，大家还互赠诗作进行唱和。秋瑾既为同这班姐妹们分别而感到难过，又对今后即将投身救国事业而感到自豪。5月10日，《大公报》还以"女士游学"为题作了报道："秋女士璿卿，邀合同志妇女数十人，赴日本留学，闻定于本月杪由京启程。"此时，正逢服部繁子有事回国，便与秋瑾同行，一路上相互照应。

临行的这天，北京碧空晴朗，微风吹拂着人们对衣角，仿佛在为远行的人送别。秋瑾和服部繁子一行乘火车离开北京，经天津去塘沽。到达塘沽时，已是下午一点。她们将乘坐的"独立号"商船远远地停在渤海湾里，这是一艘日本大阪商船股份有限公司租用的德国轮船，旅客要先乘小汽艇到轮船上。汽艇刚行驶了一会儿，海面上刮起大风，服部繁子感到头晕，她的孩子们更是不断呻吟。但秋瑾却泰然自若，尽力护持着服部繁子，大概因为她生长在南方，经常在这种波涛翻滚的海面上来往，所以不会感到不适吧。

伴随着汽笛"呜……呜……呜……"的声音，"独立号"轮船缓缓启动，一直向遥远的东方驶去。浊黄的海水逐渐变为灰蓝色，离陆地越远，它的颜色越深，最后成了深蓝色。海上一望无际，张目远眺，只见前方海天一线，分不清哪儿是蓝天，哪儿是碧海。翻滚的巨浪激荡在前行的轮船周围，发出一阵阵"哗哗哗"的轰鸣。船尾，几只不知疲倦的海鸥上下翻飞，紧追不舍，不忍看到船里的人儿渐行渐远。远处祖国的海岸线越来越模糊，直至隐没在淡淡的水汽中，再也看不见了。此时，坐在"独立号"轮船上的秋瑾不禁心潮起伏，她既思念那苦难深重的祖国，又决定勇敢地投入新的生活。正是从这一刻起，秋瑾终于迈出了她那短促而灿烂的人生中具有决定意义的一步。

四、求学日本，加入会党

望着海上壮丽的景色，秋瑾思潮起伏。她想象自己到达日本以后的生活、学习和工作，想象未来的革命事业，恨不得马上就能到达日本。

自 1868 年明治维新以后，日本的资本主义取得了快速的发展，特别是 1894 年至 1895 年的甲午中日战争，使日本从中国掠夺了大片的土地、巨额的"赔款"和广大的市场，加上日本对国内民众进行残酷压榨，到二十世纪初，日本资本主义便飞速发展起来。与此同时，日本提倡翻译西方著作，使得西方资产阶级的启蒙思想和革命精神也随之传入进来。此外，日本工人阶级的斗争逐渐激烈起来。片山潜、幸德秋水、安部矶雄等人于 1898 年建立"社会主义研究会"，开始对社会主义学说进行有组织的研究。1901 年 5 月，日本的第一个社会主义政党"社会民主党"宣布成立，虽然于当天就被解散，但它的纲领和宣言已经在一些报纸上得到宣传，引起了社会的重视。日本人创作的相关书籍，如1901年幸德秋水的《二十世纪的怪物——帝国主义》、1904年西川光次郎的《土地国有问题》等书，也在日本社会中产生了一定影响。所有这些，连同早已在日本传播的"天赋人权"之类的学说，对于来自清朝的中国留学生，都是新鲜而饶有趣味的。

从1896年起，清政府首次派遣13名学生去日本留学，到1901年，各省青年纷纷东赴日本留学，人数迅速激增。这些留学生主要来自江苏、浙江、安徽、湖南、湖北等地区，几乎都由官费派遣，然而其结果却和清政府的初衷相反，最终培养了一大批革命者。这些留学生的情况颇为复杂。那时，中国的知识分子聚集在东京，有的参加革命，宣传资产阶级民主革命思想，有的持君主立宪的主张，还有的出国不过是为了镀金，方便以后回国捞个一官半职，正如秋瑾尖锐地讽刺说："他们以东瀛为终南捷径，以学堂为改良之科举，并非为了拯救积贫积弱的祖国。"但是，总的来说，留学生中还是有相当一部分人是抱着使国家富强的愿望而到国外寻求真理的，他们急于寻求新知识，除了学习日文、准备进专门的学校之外，就赴会馆，跑书店，去集会，听演讲。

急于寻求救国救民真理和知识的留学生们聚集在日本，使日本成了当时中国革命活动的一大据点。还在1895年《马关条约》签订后不久，中国民主革命的伟大先行者孙中山先生就在横滨设立了兴中会分会，并在日本华侨中开展革命活动。在留学生大量涌入日本后，革命活动便在日本蓬勃兴起。1903年春，著名的革命宣传家章太炎等人，在东京发起"支那亡国二百四十二年纪念会"，结果虽因清朝驻日公使勾结日本政府进行破坏而未能如期举行，但这一行为本身，以及章太炎起草的慷慨激昂的宣言书，都在留日学生中产生了巨大影响。1903年元旦，在各省留日学生的元旦团拜会上，马军武、邹容等人发表演讲宣传革命主张，并当场驳斥了清朝宗室长福为清朝统治辩解的谬论。四月底，留日学生兴起了拒俄运动，激烈抗议沙俄企图霸占我国东三省的行径，五百多名留学生在东京锦辉馆举行集会，决定组织"抗俄义勇队"，有两百多人报名参加，准备回国到东北抗击沙俄侵略军，甚至连当时人数很少的女学生，也自动集会，决定与男生的"抗俄义勇队"一起赶赴前线，看护伤病员。在这些爱国革命活动蓬勃兴起的同时，宣传革命的刊物也在留学生中如雨后春笋般出现。《湖北学生界》《江苏》《新湖南》《浙江潮》《游学译编》等相继创刊，邹容的《革命军》、陈天华的《猛回头》《警世钟》等小册子，也广为传播。

秋瑾，这个怀抱满腔热血的爱国女青年，就是在民主革命潮流激荡澎湃之际来到日本的。"独立号"经过仁川、釜山后，终于在神户上岸。因为当时客船经过的海域经常发生海战，航路十分危险，所以刚一下船，繁子立即给东京的父母和北京的丈夫拍电报报平安，然后一行人找了一家旅店暂时休息。傍晚，她们乘上从神户开往东京的列车，两日后才抵达东京新桥车站。

到站后，繁子由她的兄弟和姐姐接走，秋瑾也和前来迎接她的陈威、陈毅等人去了坐落在骏河台铃木町十八番地的清朝留学生会馆。陈威、陈毅是两兄弟，也是秋瑾的亲戚。他们的父亲陈静斋是当时日本正金银行的买办，住在北京的掌扇胡同。1903 年秋瑾到达北京后不久，就去拜访了陈静斋。此后，秋瑾夫妻之间关系恶化，陈静斋几次到王家劝说，但最终也没收到什么效果。在会馆办理入住登记时，秋瑾本应在姓名一栏中填写"王秋瑾"，但她并未考虑和王子芳的夫妻关系，直接填了"秋瑾"。这一年，秋瑾 28 岁，正式开始了她的留学生涯。

清朝留学生会馆建于 1902 年 3 月末，是一座两层楼的西式建筑加一座日式房屋，楼上是教室，楼下是接待室、办公室、会议室、图书馆、阅览室、音乐室、健身房和食堂。它是中国留日学生的总机关，又是留日学生书刊翻译、出版的总部。它所在的东京神田区是当时中国留日学生的活动中心。学生们在这儿召开同乡会、日语讲习会，同时还出版发行图书杂志，甚至还有专门针对中国留学生而开设的书店，所以，神田区可以说是当时的一个"留学城"。

按照当时的规定，秋瑾先进入清朝留学生会馆所设立的日语讲习所补习日文。为了消除语言上的障碍，秋瑾废寝忘食地刻苦学习，经过半年时间，就已具备用日语听、说、读、写的一般能力。其实，秋瑾赴日留学不仅仅是学习知识，更重要的是宣传革命，所以在学习之余，她还挤出时间坚持参加每周一

邹容

次的浙江同乡会例会。在她看来，这些活动和上课一样不可缺少，甚至比上课更加重要，因为通过这些活动可以联络到更多的有志之士。秋瑾是浙江人，她的丈夫是湖南人，因为这层关系，她和湖南同乡会也有联系，并由此认识了非常有才华的王时泽。当时，王时泽只有 18 岁，他也是通过自费来东京留学的，这时候正在弘文学院普通科学习。后来，秋瑾和王时泽往来密切，把他当亲弟弟一般对待，并于这年秋天一起去横滨参加了革命团体"三合会"。

除了学习之外，秋瑾还以更多的精力，投入到发起或组织各种小团体的活动中去，尤为知名的是重组"共爱会"。"共爱会"是在日俄战争的背景下，由女留学生胡彬夏等 20 人于 1903 年 4 月在东京创立，是近代中国著名的妇女团体。"共爱会"的宗旨是：救助二万万女同胞，确保其固有权利，同时每位女同胞都要树立国家主人翁的意识，发挥各自的能力，履行国民义务。但由于缺乏有力的领导、严密的组织和入会人数太少，这个组织很少活动。于是，秋瑾和陈撷芬一道，对"共爱会"进行了重组，改名为"实行共爱会"，公举陈撷芬为会长。陈撷芬就是上海"苏报案"后流寓日本的《苏报》创办人陈范的女儿。秋瑾则担任"实行共爱会"的招待。秋瑾想把这个组织办成一个团结全中国妇女的团体，以此作为开展妇女解放运动的一个机构。不过，由于活动范围狭小，缺乏群众基础，加上宗旨不明和一些别的原因，"实行共爱会"并没有在解放妇女上发挥多少作用，但它毕竟是秋瑾从事妇女解放运动的初次尝试，为她以后的妇女解放斗争提供了宝贵经验。

秋瑾还提出组织"演说练习会"的建议，提倡用演说作为革命和爱国斗争的一种武器，并和一些持改革态度的留学生，如辛汉、华振等人，在留学生会馆组织演讲。秋瑾认为演说可以使没钱订报或不识字的人了解革命、爱国的道理，使他们加入到斗争、反抗的行列中来，因此她热情洋溢地提倡演说，并积极研究改进演说的技巧。"演说练习会"的十三条章程中，有一条特别值得重视，这就是其中的第五条。它提到："中国语言各处不同，故演说者虽滔滔不绝，而听者竟充耳罔闻。会中当附属一普通语研究会，凡演说皆用普通话，研究此普通话，公举会中善于普通话者担任之。"这个"普通话研究会"究竟有没有成立，我们不得而知，但远在一百年前，秋瑾和她的朋友们就如此重视推广普通话，这是十分难能可贵的。虽然秋瑾操着浓重的浙江腔，但她带头克服困难，积极提倡普通话，无愧于普通话运动的先驱者之一。用普通话发表演讲是召唤民众起来革命的重要方法，特定情况下，甚至会影响到革命的成败。三年后，徐锡麟在安徽安庆发动武装起义，起义前，他向自己领导的巡警学堂的学生发表起义宣言，因为他讲的是典型的绍兴方言，大部分安徽籍的学生根本没有听懂他的意思，从而影响到起义的发动。

在浙江或湖南的同乡会上，秋瑾积极登台演讲，发表诸如《纪念屈辱的八国联军侵略》等以反对帝国主义为题材的言辞激烈的演讲。秋瑾具有雄辩的口才，她的演讲不仅精彩绝伦，往往还激动人心，具有极强的说服力和鼓动性，在留学生中享有很高的威望。当时的女报《女子世界》10月号就曾对秋瑾的演讲做过专门报道："中历八月十三日，是戊戌六君子成仁之期，留学同人特于是日设会公祭。礼毕，同人演说，以浙江秋璇卿女士最沉痛。是日到会者有一百二十余人，闻者皆为泣下。"

7月中旬，秋瑾给《大公报》编辑吕碧晨寄去了书稿和书籍，7月22日，吕碧晨以"中外记事"为题在《大公报》上发表文章：

浙江秋璇卿女士，自号鉴湖女侠，慷慨激昂，不减须眉。素悲中国教育之不兴，国权之不振，以振兴女学为栽培人材之根本，乃于上月初九日（1904年6月22日），由京起程，游学日本。日前，寄书于其寓津之女友云：二十日（1904年7月3日）到东京，即进实践女学校。一年后进师范学校。并云：彼国妇人无不向学，我国女子对之实深惭愧。并望中国女子多到东游学。谓：女子教育需材甚急，我同胞能多一留学生，即他日多一师资，云云。志之以为中国女子之劝。

7月16日，秋瑾出席日本实践女校的毕业典礼，在典礼上，她认识了该校校长——48岁的下田歌子。下田歌子年轻时曾担任华族女校的教员，之后赴欧美留学，回国后创办了实践女子学校，她是明治时期从事妇女教育、致力于提高妇女地位的著名女性。因此，秋瑾对她心生敬意，打算到实践女校去学习。几天后，秋瑾送从实践女校毕业的首批中国留学生陈彦安等回国，并赠给她们《望海潮》一词，明确表现出想要在实践女校求学的愿望。

在短短的数周里，秋瑾一边参加日语短期培训班，一边联络各方人士组织留学生团体，还给《大公报》投稿，可见她不仅处事雷厉风行，精力又是多么的旺盛啊！

8月初，服部繁子邀请秋瑾到她家里做客。见面后，繁子觉得秋瑾比刚来日本时显得更加成熟和稳重了。秋瑾非常自信地告诉繁子自己目前的情况和今后的打算，说现在正和朋友住在一起，同时在留学生会所认真学习日语，正在考虑要去哪所学校读书等等。秋瑾走后，繁子立即和朋友联系，商量如何帮助秋瑾找学校，接着叫秋瑾尽快再来一次。三天后，秋瑾再次来到繁子家里，告诉繁子自己想去实践女子学校学习，这与繁子的想法不谋而合。秋瑾说："实践女校有我的朋友，校长下田歌子又是著名的女子教育家，我相信自己会在那里学到很多东西的。听说您和校长交往密切，可以帮我争取一下吗？"因为下田歌子同情反清的思想家，而且庇护过逃亡到日本的革命家，接收了许多中国留学生，所以报名实践女子学校的人特别多，竞争非常激烈。在繁子的帮助下，秋瑾顺利进入了实践女校。

实践女校是下田歌子在1899年创立的，校址初设在东京麹町区元园町（今属千代田区）。1903年，因为学生人数迅速增加，原有校舍难以满足学生的需要，迁校至东京府下丰多摩都中涩谷村常盘松。实践女校从 1901 年就开始招收中国女学生，1902 年在校内特设了"中国留学生部"，另拟与日本学生不同的课程计划。清政府把该校指定为派遣公费留学生的学校之一，1904 年 11 月，一下子就有 27 名来自湖南的女学生要求入学。为此，校长下田歌子在驻日中国留学生监督兼中国留学生总会副干事长范源濂等人的协助下，增设了"实践女校附属清国女子师范、工艺速成科"，以安排这批学生，并继续招收后来的中国女留学生。从 1901 年开始至 1914 年停办，实践女校共接收了二百多名中国留学生。

1904 年 8 月，秋瑾进入实践女校学习，不久，因不满学校的伙食、教育等，她写信给下田歌子提出批评意见，并于 11 月下旬退学，仍在日语讲习所学习。1905 年初，秋瑾从日语讲习所结业。在秋瑾离开实践女校前后，该校恰好筹设"清国女子师范、工艺速成科"，定于 1905 年 5 月开学。尽管秋瑾对实践女校曾有过不满，但她在日语讲习所毕业后，又报名进该校的"清国女子师范、工艺速成科"。1905 年 8 月，秋瑾再度入实践女子学校，学习教育、科技、工艺、看护学和临床护理等科目。同年 12 月，为了反对日本政府实行留学生取缔规则，秋瑾组织学生集体回国，受到学校开除学籍的处分。

1904 年 9 月 24 日，秋瑾在留学生会馆参与创立月刊《白话》。为了显示反清意志，《白话》并未使用光绪年号，而是用公历来计时。这份杂志仿照欧美的新闻报纸，全用白话文，主要刊登大家在演讲中发表的言论，并夹以俚语、俗语，使妇女、小孩都能看得懂。《白话》所刊载的文章充满了激烈的反清言论，"省得作双料奴隶"之类的词句比比皆是，落款大都是诸如少年主人、无法男、苦学生、铁肝生、强汉等笔名。秋瑾署名"鉴湖女侠"，在创刊号上发表了《演说的好处》，除了大力宣传以演说"开化人的知识，感动人的心思"之外，还尖锐地抨击了清朝官场的种种丑恶现象。

10月23日，《白话》报第二期发行，刊登了秋瑾的《敬告中国二万万女同胞》。秋瑾在这篇文章中提倡男女平等，反对男尊女卑，提倡女子受教育，反对女子缠脚，抨击那些主张女子无才便是德、女子只能待在家里相夫教子的观念为"胡说"。让当时的男性毫无抵触地接受这种女权主义者的思想，这一可能性微乎其微，特别是那些年纪较大的官费留学生，他们简直要斥之为"荒唐""谬论"了。有个绍兴来的官费留学生胡道南，他反对秋瑾倡导的男女平权，主张男人要像个男人，女人也要像个女人，男人和女人的地位不同。他还坚决反对革命，认为革命破坏了秩序，使很多人失去生命，是有百害而无一利的事情。听到这种言论，秋瑾愤怒地站起来，当面骂胡道南为"死人"。这个胡道南后来任绍兴府学务处总办，1907年7月，就是他向当时的绍兴知府贵福告密，说"秋瑾和在安庆发动起义的徐锡麟是一伙的，秋瑾是革命党人，企图在浙江发动起义"等等，使得秋瑾最终被捕。

在《白话》报第三期上，秋瑾发表了《警告我同胞》，记述她去横滨参加三合会的所见所闻以及由此而发的种种感想。参加横滨三合会，是秋瑾在创办《白话》报之后不久的事情。

1904年春，冯自由、梁慕光奉孙中山之命，在日本横滨成立了革命团体三合会。三合会属于会党组织"洪门"系统，"洪门"不仅在中国内地存在，国外也有很多华侨参加。"洪门"有很多别名，参与人数众多。"洪门"以反清为目标，号召组织内的人相互扶助，受人之托时绝不推诿，义无反顾地帮助同志解决困难，发扬侠肝义胆的精神。孙中山当时和广州、香港、澳门等地的洪门组织多有联系，他们中的很多人也非常崇拜孙中山先生，为了孙中山先生不惜赴汤蹈火。为了扩大革命影响，孙中山希望在横滨设立分支机构，于是成立了三合会。参加者先交纳10日元入会费，然后举行以刀架脖、跨火盆、喝鸡血酒等入会仪式，接着大家集体宣誓反清，光复中华。

1904年11月，冯自由的妻子李自平邀请秋瑾参加革命党人的入会仪式，二人乘电车去横滨。那天傍晚，王时泽、刘道一、仇亮、刘复权、彭竹阳、曾贞、龚宝铨和秋瑾等十人聚集在冯自由的家里，一同去横滨南京街一家广东人开的商店，共同宣誓参加三合会。主持宣誓仪式时，梁慕光手执一把钢刀，架在秋瑾的脖子上问道："你来做什么？"秋瑾大声说："我来当兵吃粮！"梁慕光又问："你忠心不忠心？"秋瑾坚决地回答："忠心！"梁慕光进一步问："如果不忠心，怎么办？"秋瑾流利地说："上山逢虎咬，出外遇强人！"所有人都宣誓完毕后，梁慕光和冯自由横牵一幅六七尺长的白布，上书斗大的"反清复明"四字，命令各人俯身鱼贯从布下穿过，又在室内烧一堆火，命令他们从火上跳过去，以此表示为主义赴汤蹈火在所不辞。然后分别刺血，又杀了一只大雄鸡，共饮血酒。最后，冯自由、梁慕光封秋瑾为"白扇"（俗称军师）、刘道一为"草鞋"（俗称将军）、刘复权为"洪棍"，也就是所谓的"洪门三及第"。虽然三合会的名称、仪式和职员称谓皆用洪门旧法，但它已不再以"反清复明"为宗旨，而是提出了"推翻清朝，恢复中华"的宗旨，实际上已是个反清的革命团体。

历史上的任何一次革命活动，总会有人在中途停顿、落伍，甚至变节、背叛，而另外一些人则不畏险阻，激流勇进，为了心中的信念坚贞不屈。在一道参加横滨三合会的十个人中，刘复权后来投敌，违背了自己的诺言，做了两江总督衙门的密探头目，后来被革命军枪决。刘道一在辛亥革命之前英勇牺牲。而秋瑾则随着革命浪潮急速前进，勇往直前，并实践了为革命赴汤蹈火、甚至献出自己宝贵生命的誓言。

经过半年多的刻苦学习，秋瑾于1905年初在日语讲习所毕业，并打算三个月后在"清国女子师范、工艺速成科"就读。为了筹措继续留学的费用，也为了探望远在故乡的母亲，秋瑾乘速成科尚未开学之际，于 3 月下旬至 4 月上旬暂时回国。而不久之前，在浙江各地秘密联络会党成效颇著的陶成章，专程来日本创立同盟会东京支部。有一天，秋瑾去陈毅家拜访，偶然遇到了陶成章，二人一见如故，彼此都有一种亲切感。秋瑾向他打听浙江各地联络会党的详情，陶成章慷慨诉说自己的历程、经验以及浙江的革命情况，秋瑾听后异常兴奋，并决心加入光复会，同浙江各地的会党建立联系。

光复会是 1903 年冬由王嘉伟、蒋尊簋、陶成章、魏兰、龚宝铨等人在东京酝酿协商，次年初又经陶成章、魏兰回上海与蔡元培商议，至同年 11 月，以龚宝铨组织的"军国民教育会"暗杀团为基础，在上海正式成立的资产阶级革命团体。蔡元培任会长，陶成章任副会长，总部设在上海新闸路仁和里，后迁三马路保安里。光复会的政治纲领即入会誓词，为"光复汉族，还我山河，以身许国，功成身退"，主张除文字宣传外，更以暗杀和暴动为主要革命手段。光复会积极联络会党、策动新军，主要活动范围在上海、浙江、江苏、安徽等地。

起先，陶成章并不建议秋瑾加入光复会，因为光复会是个地下组织，不能公开活动，而在那个并不开放的年代，男女一起行动很容易暴露组织。但是，秋瑾意志坚定，她拔出随身携带的日本刀，当场跳了一段威武的刀舞，出色的刀法让陶成章大为惊叹。他终于同意秋瑾加入光复会，并亲笔给上海的蔡元培和绍兴的徐锡麟写信，推荐秋瑾加入光复会。因为按照当时

光复会会员合影

的规定，加入光复会必须有两个以上组织内人的介绍。带着这些任务，秋瑾终于在这年春天动身回国了。一年半之后，秋瑾、陶成章的这次邂逅，成为撼动整个中国的革命事件的发端，但当时他们谁也没有意识到。

五、再赴日本，退学归国

回国后，看到清政府依然莺歌燕舞，粉饰太平，秋瑾更加强烈地感觉到这个反动政府已无药可救，因而更加坚定了走上革命之路的决心。

4月初，刚刚抵达上海的秋瑾，首先去上海爱国女子学校拜访蔡元培校长。蔡元培是绍兴人，曾考取过进士，但他支持革命，热心社会改革运动，被誉为"翰林革命家"。辛亥革命胜利后，他担任北京大学的校长，革新北大，开"学术"和"自由"之风。秋瑾向蔡元培谈了自己的理想和抱负，却并未得到他的首肯，只好失望地离开学校。

4月末，秋瑾回到了阔别已久的故乡，见到母亲后，她整个人表现得异常欢快。为了让秋瑾坚持学习，哥哥誉章想尽办法筹措到一些钱，托住在北京的王子芳寄钱给秋瑾。王子芳本以为控制生活费就可以让秋瑾早日回国，所以他并没有把钱寄给秋瑾。知悉这一情况后，秋瑾非常愤怒，她觉得子芳辜负了哥

蔡元培

哥对自己的情谊，在给誉章的信中说："子芳之人，行为禽兽不若，人之无良，莫此为甚！"还说："妹已衔之刺骨，当以仇敌相见。"并声明以后再也不使用王家的姓氏。但是，想要继续学业，必须筹到资金，她不得不去央求母亲。看到母亲鬓间的白发越来越多，眼角眉梢的皱纹也越来越深，秋瑾鼻子一酸，不禁落下泪来。母亲典当了家中所有值钱的东西，勉强凑了600块钱，对秋瑾来说，这已足够维持一段时间的学习开支了。

5月初，秋瑾带着陶成章的介绍信，去绍兴东浦镇热诚学堂拜会校长徐锡麟。徐锡麟是绍兴府山阴县人，出生于1873年，是七兄妹中的老大。徐家并非官宦人家，而是个中等水平的地主，在山阴县拥有百余亩土地，还在绍兴经营绸缎庄。从幼年起，徐锡麟就显得与众不同。他喜欢毁坏东西，拿到什么就破坏什么，因此，父亲很不喜欢他。虚岁12岁时，他跑到钱塘出家作了小和尚，直到家人发现后把他领回来。徐锡麟天资聪颖，喜欢算数和天文，对自然界的万千事物充满了兴趣。长大后，他对政治和社会问题尤为关注。义和团运动爆发时，他曾在老家东浦村招募人员，成立"团练"，后来因为父亲出面干涉，不得不中途停止。这时，徐锡麟的父亲已经嗅到了儿子身上的危险气息，便决定和他断绝父子关系，以求自保。按照中国封建社会的老规矩，起义可是谋反的大罪，有诛九族、连坐等可怕的处罚，但安庆起义失败后，清政府并没有捉拿徐锡麟的父亲，想必是因为父子间已成为陌路之人的缘故吧。不久，徐锡麟的数学才能得到绍兴知府熊起蟠的赏识，在绍兴府学堂做了四年的数学老师，并被委任为学校副监督。1903年，徐锡麟参加浙江乡试，考取生员，公费去日本参观学习，结识了陶成章、龚味荪等革命同志。回国后，便在家乡建立了热诚学堂。徐锡麟以拳术高强闻名乡里，却戴着厚厚的高度近视眼镜，这在当时的革命家中极为罕见。拜访徐锡麟时，秋瑾诉说了自己的革命理想，她的激进想法得到了徐锡麟的认同，两人很快就商议起今后的活动计划。徐锡麟还把秋瑾介绍给自己的妻子王振汉（原名王淑德），日后，她将成为秋瑾的亲密战友。

因为要在绍兴短暂逗留，秋瑾听从徐锡麟的安排，在绍兴万安桥附近的明道女学校担任体操课临时教员，由此认识了《绍兴白话报》的编辑王子余。秋瑾反对女性缠足，主张"放足"，王子余也反对男子梳辫子，很早就剪掉了发辫。不久之后，他们都将成为光复会和同盟会的会员。6月，秋瑾又到绍兴府学堂担任教员。这所学堂由徐锡麟创办，是中国近代第二所体育学校，当时有数百名学生在这里学习。整整一个月，秋瑾在绍兴四处奔走，动员年轻的女孩去日本实践女校学习，但响应的人很少。这时，实践女校来信催她返校，于是秋瑾便在1905年6月28日离开绍兴到上海，打算马上乘船再赴日本。

恰巧这个时候，陶成章刚从日本回到上海。由于有陶成章和徐锡麟的推荐，秋瑾终于实现了加入光复会的愿望。在上海举行的入会仪式上，秋瑾光荣地宣誓道："光复汉族，还我山河，

清政府捕杀义和团团员

以身许国，功成身退。"盖上血指印后，秋瑾正式成为光复会的会员。此后，陶成章还把秋瑾介绍给浙江会党首领丁铭和吕熊祥等人，这是秋瑾同浙江秘密会党建立联系的开始，在以后的革命活动中，她将要在很大程度上依靠他们的力量。

7月，秋瑾在上海坐三等舱重赴日本，去继续她那中断了的留学生活。三等舱在船的最底层，低矮的舱顶上悬挂着昏暗的灯泡，只有通风口处吹入的丝丝凉风，才能稍微减弱闷热难耐的船舱里酷暑的煎熬。涂抹着白色油漆的舱顶、支柱以及肮脏的舱壁上，时时散发着鱼油的腥臭，浑浊的空气使晕船的人数不断增加。秋瑾本来就感觉非常疲惫，这时更是胸闷憋气，于是她急忙跑到甲板上来透透气。此时，船正沿着黄海向东北方向前进，经过的是甲午海战发生的海域。回想外国列强的一次次侵略和掠夺，而清政府却奴颜婢膝，束手无策，使人民陷入深深的苦难之中，秋瑾难以克制自己的情绪，不禁愤懑地喊道："国耻！国耻！"

经过六天的航行，秋瑾乘坐的船终于抵达东京。船中的暑热和过度疲劳使她嘴唇干裂，脸色苍白，呼吸困难，最后晕倒在宿舍，几乎一病不起。休息了十多天后，秋瑾终于能勉强支撑起来，于是在8月5日这一天，她在实践女校分校重新开始了紧张的学习生活。

分校的校址在赤坂桧町十番地，校舍是租用的两层楼共七间教室的西式建筑，二层是宿舍，一层是舍监室、接待室、教室、食堂和厨房。分校的校规很严。如果没有舍监或者老师同行，学生不得外出；没有保证人的证明，学生不得和外来人会面；不得穿戴过于奢侈的衣服、首饰等等。不过，学校经常组织学生到社会上参观、调查，以便让她们尽快了解和熟悉日本的社会和风土人情。

"清国女子师范、工艺速成科"的学制为一年，分为三个学期，功课非常繁重。秋瑾读的是师范科，课程有日语、教育、心理、理科、地理、历史、算术、图画、体操、汉语、唱歌等。此外，秋瑾还用心自学了护士的知识，并参考日本有关书籍，译写了一部《看护学教程》，详细介绍护士工作的理论和实践知识，宣传这项工作对国对民的重要意义，批评中国社会上把护士这一职业当成贱业的愚昧观点。秋瑾也不忘温习中国的传统文化，她常常和舍监坂寄美都子谈论中国诗词，还把杨庄的《上海旅社作》改译成《怀念上海》送给美都子。秋瑾还以自己为原型，创作了反抗清朝统治、实现革命目标的作品《精卫石》。

为了保证身体健康，在紧张的学习之余，秋瑾还坚持每天做体操，并经常去麴町区神乐坂武术会练习她少女时代就已擅长的骑射。与此同时，她还学习了制造炸药的方法。

不过，经济上的拮据使秋瑾过着清苦的生活，她出门坚持步行，从来不坐车，穿衣打扮也以朴素为主。但日本的物价是中国的三倍之多，无奈之下，她写信给王子芳，一边指责他窃走自己的嫁妆，一边商量借钱事宜，但去信后石沉大海，王子芳对此置之不理。秋瑾不得不开源节流，严格限制自己的一切开支。

严格的校纪、紧张的学习和清贫的生活，这一切都没有减弱秋瑾对祖国命运和革命事业的关注。她在实践女校读书的1905年，正是中国旧民主主义革命史上极为重要的一年。随着国内民族资本主义的初步发展，民族资产阶级的力量得到增强，特别是留学生人数的猛增，各种革命书报大量涌现，各类革命团体相继兴起，都使革命形势迅速发展。到1905年，成立一个统一的政党以团结分散的革命力量，部署更有力的革命斗争势在必行，也成了摆在中国革命民主派面前的重大课题。在这种形势下，1905年7月，孙中山先生由欧洲抵达日本，在留日学生何香凝家中设立临时联络点，会见在日本的中国革命志士。孙中山同黄兴、陈天华等人商议，决定以兴中会、华兴会为基础，联合光复会和一些别的组织，成立统一的革命政党——中国同盟会。

7月30日，中国同盟会的预备会议在赤坂区桧町三丁目的黑龙会会所举行。此次预备会议，共有十七省的留学生代表以及赞助中国革命的日本人宫崎寅藏、内田良平、末永节等共六十余人参加。会上通过了中国同盟会的纲领，即孙中山提出的"驱除鞑虏，恢复中华，创立民国，平均地权"，并根据黄兴的提议，一致推举孙中山为同盟会总理。

同盟会预备会议的召开，极大地激发了留日学生的革命热情。8 月 13 日，宋教仁在麴町区富士见楼主持召开"孙中山先生演讲会"，共有一千一百多名留学生和华侨参加。会上，孙中山发表了激动人心的演说，称中国"十年二十年之后，不难举西人之文明而尽有之"，进一步坚定了人们的革命信念。

8 月 20 日，在日本人坂本金弥家中，召开了中国同盟会正式成立大会。会上，正式通过了会章，决定在东京设立总部，下分"执行""评议""司法"三部，由黄兴、宋教仁、陈天华、马军武等人主持。为了向国内各地发展革命力量，组织革命活动，又先后推定了各省区的"主盟人"，选举廖仲恺为天津分部负责人，蔡元培为上海分部负责人。从此，过去各自活动的分散革命小团体，从组织上、纲领上结合为全国范围的革命政党组织，大大促进了革命运动的发展。

当时，在亡命日本的中国志士之间存在着两大派系。一派拥护孙中山，主张实行共和制，其机关报是《民报》；一派拥护梁启超，主张实行君主立宪制，其机关报是《新民业报》。两派互相对立，每期报纸都发表文章激烈地攻击对方。但是，大多数人站在孙中山这一方，他们热心地赞同共和制，认为君主立宪制在中国根本走不通。《民报》从 1905 年 10 月至 1908 年 10 月共发行了 24 期，中间曾一度中断发行，1910 年发行了第 25、26 期之后停刊。责任编辑是陈天华、张继、章炳麟、陶成章、汪精卫等革命党人。

9 月 3 日，秋瑾和四位女学生一起，恳求宋教仁安排她们拜见孙中山先生。宋教仁早就听说秋瑾的活动能力非常强，又是演说练习会的发起人，在学生中有众多的支持者，于是答应了他们的请求。第二天早上，秋瑾她们既激动又紧张地见到了仰慕已久的英雄。孙中山当时 39 岁，身材比较矮小，肌肉结实，发型和胡须修饰整齐，消瘦的古铜色脸庞显示出他的精明强干，犀利的目光中蕴含着一丝威严，给秋瑾留下了深刻的印象。孙中山一边示意秋瑾等人不要拘束，一边和蔼地谈起革命的目标和实现的方法。在和秋瑾共同工作的革命志士中，还没有人能够这样透彻地分析中国现状，指出革命的目的，并把实现革命目标的具体方法和现实工作紧密地结合在一起。秋瑾觉得孙中山是一位新时期的英雄，她默默地注视着眼前的这个人，静静地聆听他的教诲。

当天下午，在冯自由的引领下，秋瑾履行入会手续，正式加入同盟会。她举起右手肃立在桌边，庄严宣誓。"秋竞雄当天发誓：驱除鞑虏，恢复中华，创立民国，平均地权，矢信矢忠，有始有卒，如或渝此，任众处罚！""竞雄"和"鉴湖女侠"都是秋瑾的号，表现出秋瑾要和男性竞争并胜过他们的志向。宣誓完毕后，黄兴教给她同盟会会员相见时的握手暗号及三种秘密的口令。

因为秋瑾立场鲜明，意志坚定，不仅是光复会会员，还是浙江籍留学生加入同盟会的第二个人，所以在入会六天后被推荐为同盟会浙江主盟人。这是秋瑾在革命道路上跨出的

孙中山与同盟会海外会员

决定性的一步。从此，她不只是一般的革命志士和革命党人，还是主持一省革命重任的革命党领导人，是当时首屈一指的女革命家。她已经把自己的一切，同中国民主革命事业自觉地联系到了一起。

随着世界资本主义的发展和 1905 年俄国运动的开展，彻底唤醒了亚洲人民，当然也唤醒了中国人民，从而推动中国民主革命高潮的来临。但随之而来的还有俄国民粹派的"暗杀"观念，也就是把个人恐怖行动当成革命的有效行动。这和我国剑侠传奇的古代遗风相结合，演绎出一幕幕慷慨悲歌的新剧。1905 年，面对日益高涨的革命运动，清政府又要出"立宪"的花招，准备派遣载泽等五大臣去欧美"考察"。革命党人吴樾得知这一消息后，怀揣着炸弹，于 9 月 24 日赶到北京火车站，打算同那天出发的立宪考察团拼命。由于吴樾第一次使用炸弹，在拔出引信时发生失误，炸弹在他手中爆炸，只给五大臣中的载泽、徐世昌、邵英三人造成轻伤，而自己却壮烈地牺牲了。不过，正如吴樾在《暗杀主义》一书的"自序"中所言："一个我死去，千万个我站起来，前面的人倒下去，后面的人站起来，只要我不被杀死，我就一直干下去；只要我不死，就永不住手。这样，我就算死了也是成功了。"吴樾之后，又有千千万万个吴樾站了起来，从而促使更大的革命运动烈火在中国大地上轰轰烈烈地燃烧开来。自少年时代起就崇尚侠义精神的秋瑾，为吴樾的牺牲扼腕叹息，并在湖南同乡会出版的杂志《洞庭波》上发表长诗《吊吴烈士樾》，高度评价吴樾"打破从前奴隶关，惊回大地繁华梦"，还给吴樾的亲属寄去 40 元钱表示慰问。

吴樾炸五大臣事件后三个月，在中国留日学生中，又演出了一幕充满英勇牺牲精神的历史剧，这就是 1905 年 12 月 8 日，同盟会领导人之一、著名的革命宣传家陈天华，为反对日本的《中国留学生取缔规则》而蹈海自尽了。

同盟会的成立和资产阶级革命运动的迅速发展，使清政府觉察到一种危机，倍感恐慌的他们要求日本政府驱逐留日的革命党人，限制留日学生的行动自由。这时日本刚从俄国手中攫取了我国东北的侵略特权，受到了中国留日学生的强烈谴责，日本政府既恐又恨，为了打击中国留学生，由文部省颁布了《关于公私立学校接纳清国留学生的规定》，也就是当时中国报纸所说的《中国留学生取缔规则》。

这个规则共有十五条，第一条规定"来日本留学的人需持有清国公使的介绍信"，尤其是第九条"接受留学生的学校，应安排学生住在宿舍或学校监督下的民宅，禁止学生脱离学校任意租房"，以及第十条"不得接受因性行不良被其他学校勒令退学的人"，这些规定显然要使全体中国留日学生受到清朝的控制，尤其是方便清政府迫害留学生中的革命分子。因为当时留日的中国学生很多是自费的，自费生大都只能进私立学校，而之前他们并未局限于进指定学校，也不需清朝公使馆的批准，但第一条规定却使他们失去了求学的自由。而第九条则大大限

陈天华

制了留学生的行动自由，第十条更使清政府可以任意把革命学生诬陷为"性行不良"而永远排除出留日学界。因此，这个《取缔规则》的公布，引起了中国留日学生的强烈不满。

11月26日，日本各校奉文部省之命，张贴告示，限令中国留学生在11月29日之前将自己的原籍、住址、年龄、学历等呈报学校，逾期不报，则对该生不利。这个布告犹如火上浇油，加速了留学生们掀起全面反对《取缔规则》的运动。

12月3日，弘文、经纬、早稻田、大成、成城、振武、东斌、东亚实业等八所学校的中国留学生，派出代表到留学生会馆开会，讨论反对《取缔规则》一事。会上，有人主张集体罢课，有人反对，意见无法统一。

12月4日，反抗运动愈加激烈。学生分裂成两派，一派呼吁退学回国，一派主张隐忍求学。当天，弘文学院的留日学生率先罢课。之后，留日女生也召开会议，响应罢课。秋瑾、陈天华、田桐、易本义等学生干部组成敢死队，组织学生运动，全力督促学生集体回国，情势越来越严重。

12月5日，三百多人在东京富士见楼集会，商讨联合行动。秋瑾冲破校方禁令，毅然前往参加集会，并作为全体女留学生的代表，在会上慷慨陈词，诉说女学生的爱国之情，讲到激昂之处，不禁痛哭流涕，哭罢继续演说。会议决定次日起全体留学生一律罢课，并派遣纠察队到各校门前，不惜以强力手段劝阻留学生前往上课。消息传到下田歌子处，她准备将参加罢课的中国留学生除名，秋瑾等十七名女生也坚决退学离校。

此时，日本的新闻媒体完全站在清政府这边，连篇累牍发表文章攻击中国留学生，甚至进行人身攻击，说什么"愚昧至极之人，不学无术，道德品质低劣"等等。12月7日，出现在《朝日新闻》报道中的"放纵卑劣"之类的字眼，更是严重伤害了留日学生。报道称："实际上，他们只不过是在证明自己喜欢过放纵的生活，品行不良……他们以为集体回国将会对日本非常不利，以此要挟，要求政府废除那些乏味的规则，其实，这只是他们卑劣意识的表现，而且，建立在这些苍白无力的理由基础上的所谓团结，实在只是乌合之众，他们的行动不会长久，必然在一片哭泣声中销声匿迹。"这对陈天华无疑是一种巨大的刺激。他在极度悲愤之下，留下了悲壮的《绝命书》，在12月8日投身东京大森海湾，壮烈自尽。《绝命书》中陈天华号召同胞"坚忍奉公，力学爱国，亟讲善后之策，力求振作之方，雪日本报章所言，行救国之实"，这样的话他虽死犹生。

陈天华的自尽，引起了留学生们的强烈反响。噩耗传来，数百名湖南同乡会会员和华兴会、同盟会会员等纷纷来到留学生会馆，听宋教仁朗读《绝命书》，大家泪流满面，悲痛欲绝。为此，秋瑾更加坚决地主张全体留学生立即回国。

12月9日，留学生们公推秋瑾为召集人，在留学生会馆召开陈天华的追悼会。会上，秋瑾发表演说，要求大家同心同德，一致行动。说到激动处，秋瑾随手从靴筒中取出日本刀插在讲台上，大声喝道："如有人回到祖国，投降满虏，卖友求荣，欺压汉人，吃我一刀！"

12月14日，陈天华所在的湖南同乡会204名学生决定集体退学回国。17日，又有220名离日归国。至1906年1月，前后共有2000多人回到祖国。在那些罢课归国的人里面，情况比较复杂。汪精卫、胡汉民等人当时还没有考入正规大学，只是在政法学校的速成班里学习，他们害怕罢课于己不利，要么拿不到官费，要么会被学校开除，因此主张妥协。朱执信、周树人、蒋尊簋等革命派留学生，则考虑到全体归国罢课实行起来并不容易，还会使同学们学业中断，生活无着，还有被清政府一网打尽、使革命事业蒙受严重损失的危险，因此反对全体罢课回国。此时，身在越南的孙中山也致电留日学生，表示并不赞成他们全体回国。这时候，《取缔规则》由于受到中国留学生的强烈反对而不准备施行了，许多留学生的情绪渐渐平静下来，陆续开始复课，并开会商量和平了结。但秋瑾说话做事激烈、坚决、性格倔强，英勇无畏，仍然不顾一切地坚持全体罢课回国。她愤愤不平地喊道："中国人办事总是虎头蛇尾，从此后，不和留学生共事了！"

12月25日，秋瑾登上了从横滨开往上海的轮船，最终结束了为期一年多的留学生活，回到满目疮痍、危机重重的祖国。回国前夕，秋瑾到东京的一家照相馆照相留念。相片上的她身穿和服，戴着手套的手紧紧攥着出鞘的日本刀。后来，这幅照片成了秋瑾代表性的肖像照。

回国后，秋瑾的头脑也冷静下来了。她认为只要能坚持气节，回国或者留在日本读书，都可以进行革命斗争。她给留在日本的好友王时泽写信说："诸君诚能忍辱以成其学者，则辱也甚暂，而不辱其常矣。"说自己回国后当尽力筹划，"成败虽未可知，然苟留此未死之余生，则吾志不敢一日息也"。此后，秋瑾以全部身心投入到妇女解放和组织武装起义的事业中去，为之献出宝贵的生命，走完了自己人生中最后的，也是最灿烂的阶段。

六、辗转任职，男女平权

回国后，秋瑾暂住在上海四川北路横滨桥。在上海期间，秋瑾和从日本一起回国的学生商议决定成立学校。在短短的一个多月里，大家筹集资金，租用教室，组织师资，编制课程，并推举同盟会的宁调元为代表，于1906年2月初，在吴淞开办了名为"中国公学"的学校。

不久，秋瑾在上海曹家渡小万柳堂见到了久别的密友吴芝瑛，吴芝瑛还带了16岁的女儿廉研。秋瑾流着泪把留学时的艰辛一股脑地向姐姐倾诉，特别是第二次乘船从上海去横滨时，在酷热的船舱底，她女扮男装和一群劳工并排躺在船板上，胸前紧紧抱着护身用的短刀，咬着牙等待天亮。姐妹俩久别重逢，异常高兴，她们一边喝着绍兴酒，一边尽情诉说分别后各自的境况。微醺之下，秋瑾乘着酒兴，放声高歌："吾辈爱自由，勉励自由一杯酒。男女平权天赋就，岂甘居牛后？愿奋然自拔，一洗从前羞耻垢。若安作同俦，恢复江山劳素手。旧习最堪羞，女子竟同牛马偶。曙光新放文明候。独立占头筹。愿奴隶根除，知识学问历练就。责任上肩头，国民女杰期无负。"还拔出随身携带的日本刀边歌边舞，身旁的廉研忙弹起风琴为她伴奏，歌声悲壮动人。这首歌名叫《勉女权歌》，是秋瑾用在日本留学时学得的音乐知识亲自作词谱曲的。

2月中旬的某一天，天刚蒙蒙亮，身穿和服的秋瑾从上海回到绍兴，回到自己日思夜想的和畅堂。母亲早已迎了出来，看到女儿终于回来了，她不知是高兴还是心酸，眼泪在眼圈中打了几个转，还是止不住地流了出来。秋瑾紧紧抱住母亲，一边抚摸她的背，一边安慰她："妈，您别哭了，您看我现在不是回来了嘛，以后我一定常来看您，好好照顾您。"这时，约莫十来岁的秋宗祥站在门口，怔怔地望着这位身穿异国服装的女性，一时没有认出她是自己的姐姐。秋瑾拉着他的手，和他闲话，问他可会写字，可愿意出门。辛亥革命后，秋宗祥改名叫秋宗章，之后写下《六六私乘》纪念他的姐姐秋瑾。因为秋瑾就义的那天正好是农历六月六日，所以书名叫做"六六"，"私乘"是家史的意思。回娘家休息了几天后，秋瑾一改来时的装束，身穿黑色立领上衣，外罩西服夹克，脑后梳一条长辫子，脚蹬皮鞋，手持阳伞，完全一副男人的装扮。随后，她去仓桥街的蒋子良照相馆留影，留下了一张站立姿势的正面照。秋瑾还为这张照片赋诗一首，名为《自题小照》，还用小字写上"男装"。诗中说：俨然在望此何人？侠骨前生悔寄身。过世形骸原是幻，未来景界却疑真。相逢恨晚情应集，仰屋嗟时气益振。他日见亲旧时友，为吾今已扫浮沉。

2月下旬，秋瑾在绍兴参加了陶成章组织的光复会领导成员会议。会上，秋瑾提议在绍兴成立学务公所，向广大青年宣传革命的主张和方针，并进行一些基本的军事训练。不久，陶成章把光复会浙江分会的敖嘉熊和褚辅成等人介绍给秋瑾。敖嘉熊和褚辅成不仅是革命家，还是献身于实业救国和改善教育状况的社会改革家，他们的根据地嘉兴正好是浙江的交通要道，也是革命党开展工作的重点地区。3月初，根据陶成章的指示，秋瑾来到光复会浙江支部所在地嘉兴，目的是和敖嘉熊等人商议如何在这一地区广泛开展革命教育工作。褚辅成热情接待了秋瑾，二人促膝长谈，由于秋瑾阅历丰富，口才极佳，特别是她的言行中迸发出的对革命的热情，使得褚辅成从内心里钦佩这位传说中的鉴湖女侠。

经褚辅成介绍，秋瑾担任了吴兴县南浔镇浔溪女学的教员，讲授日语、理科和卫生知识。在浔溪女校，她耐心地启发和关怀学生，希望她们能够很好地学会生产技艺、文化知识，取得谋生的本领，争取经济自立的条件。与此同时，她还积极向该校师生宣传男女平权、兴办女学和女子爱国、革命的主张。在这儿，秋瑾和浔溪女学的校长徐自华建立了深厚诚挚的友谊。徐自华字寄尘，比秋瑾年长两岁，她擅长诗文，与秋瑾志趣相投，两人经常诗词唱和，病痛互恤，情同姊妹。在秋瑾的影响下，徐自华这位因丈夫早亡而哀怨命运的妇女，很快觉悟起来，加入当时民主革命者的行列，日后还参加了辛亥革命光复上海的战役，并几十年如一日地为宣传秋瑾事迹而奋斗不息。徐自华的妹妹徐双韫，字小淑，比秋瑾小 9 岁，是浔溪女校的学生，她也在秋瑾的影响下成了革命党人。在浔溪女校做教员的时候，秋瑾还解救了一个姑娘，她的名字叫吴珉。吴珉的父母为了还债，把她送给别人当了童养媳。秋瑾本来就有痛苦的婚姻经历，因此，她更不能容忍这种陋习存在。她像照顾自己的亲人一样关心吴珉，还不顾自己生活困苦，千方百计筹集到一些钱，拿着这些钱去和吴珉的"公婆"交涉，把吴珉赎了出来，让她跟在自己身边。

秋瑾不仅仅呼吁妇女解放，她还不顾自己的困难，以实际行动帮助那些受苦受难的姐妹，在浔溪女校受到学生们的爱戴。但是，她宣传男女平等、妇女解放的活动，却遭到地方顽固势力的攻击，学校理事长金子羽甚至散播流言蜚语。他们谴责秋瑾，说"这个胡说八道的女教师搅乱了历来的规矩"，"是穿着男人服装到处游荡的坏女人"，"是受革命蒙蔽的过激分子"等等。一时间，责难、中伤、排斥之声甚嚣尘上。两个月后，秋瑾愤而辞职，离开南浔。徐小淑不愿离开秋瑾，便和吴珉一起，随同秋瑾去了上海，转而在爱国女子学校学习。此时，徐自华也辞去了浔溪女校校长的职务。

这时，适逢在印度尼西亚兴办华侨教育的光复会会员陈华回国。陈华向秋瑾建议去印度尼西亚华侨中兴办女学。把发展女子教育事业作为妇女解放主要环节的秋瑾，欣然采纳她的建议，打算动身前往印度尼西亚。因为陶成章、龚宝铨等光复会同志鉴于国内革命的需要力加劝阻，秋瑾只得放弃了去印度尼西亚兴办女学的打算。

到了上海，秋瑾立即和陈伯平、尹锐志、姚勇忱、张剑崖等年轻的会党成员光复会会员在上海虹口祥庆里建立秘密联系点"锐进公社"。秋瑾介绍陈伯平担任吴淞中国公学的教员，在那里负责来自各方面的联络工作。当时，有人秘密通知秋瑾，说孙中山化名高野，装扮成日本人乘法国船来到上海，于是，秋瑾也装扮成日本人前往上海港和孙中山会面。当得知孙中山为筹集革命资金而伤脑筋后，秋瑾四处奔走，很快就筹得一千银元，托熊克武把钱交给即将乘船离去的孙中山。

在这期间，经吕逢樵介绍，秋瑾在上海认识了捐纳监生蒋继云。秋瑾交给他一本向中国公学捐款的人名簿，要求他去湖南募捐，但蒋继云违背了秋瑾的意愿，根本没有去湖南。转年的 7 月 13 日，他去大通学堂时，就在秋瑾即将被捕前夕，还死死缠住秋瑾要钱。在秋瑾的革命事业中，缺少的不光是活动资金，同时更缺少必要的人才。由于没有忠实能干的人才，很多事都力不从心，只能委托一些庸才去办。蒋继云是秋瑾用人失败的最典型的例子。他在绍兴府被审讯时说："秋瑾命令我去湖南募捐，我没有去。"他强调自己没有执行秋瑾的命令，和革命党划清界限，露骨地希望官府从轻发落。这种卑躬屈膝的表现和大通学堂教师陈毅形成鲜明的对比。面对绍兴府的严刑逼供，陈毅坚贞不屈，最后被毒打致死。

这年9月，为了给在湖南发动起义的同盟会会员宁调元提供武器，陈伯平、秋瑾、陶铸等人一起在上海租界的隐蔽工作室里秘密制造炸弹。由于制作炸弹非常危险，加之设备简陋，操作人员又不熟悉方法，就在大家提心吊胆地工作时，炸弹意外爆炸，陈伯平的眼睛和全身多处负伤，秋瑾的手和胳膊也被炸伤。爆炸的巨响惊动了附近的巡警，他们立刻闯进来搜查，小组人员迅速用书架遮住制造炸弹的密室门，秋瑾忍着伤痛若无其事地和闯进来的巡警周旋，尽管巡警们对屋子里弥漫着的硝烟味感到非常奇怪，但看到秋瑾镇定自若，谈笑风生，他们找不到任何搜查的理由，只好灰溜溜地离开了。巡警走远后，大家立即秘密把身负重伤的陈伯平送到熟人的医院，经过抢救，终于保住了性命。秋瑾隐藏在亲友吴兰石的家中，经过紧急处置后带伤返回绍兴老家。爆炸事件发生后，锐进学社被查封，上海的秘密据点也就随之消失了。

伤口痊愈后，秋瑾打算发行《中国女报》。从19世纪末至1905年，中国公开发行的女性刊物数量极少，只有《女学报》《女苏报》《岭南女新报》《妇孺报》《女子世界》《女镜报》《北京女报》等，这些刊物只在上海、广州等西方文化比较集中的城市发行，内容要么是枯燥乏味训教性的，要么是幼稚地追求低级趣味的社会花边新闻。这些刊物还经常用文言文写作，又夹杂着许多的生僻字，很少有妇女能够读得懂。作为启蒙运动的推行者，秋瑾认为女子必须摆脱黑暗社会的桎梏，她倡导妇女解放，立志要将处在水深火热中的广大女同胞带向光明和自由的新社会。她觉得促使妇女觉醒的最好方法就是通过书籍、杂志、报刊开展宣传运动，遗憾的是绝大多数妇女并不识字，没有适合她们阅读的报纸杂志。为此，秋瑾决定《中国女报》采用白话文，以口语为主，辅以浅显的文言，便于广大妇女阅读。

秋瑾在上海《中外日报》上发布宣传广告，阐述《中国女报》的开办宗旨和目的，倡导女子接受教育的重要性，提出要开通风气，让女性也能够和男性一样，平等地步入学堂学习，通过相互联络，凝结成一个团结的集体，呼吁社会各界共同努力开展女子教育工作，其中还提到计划筹建中国妇女协会的基本理念。此外，秋瑾还打算采取发行股票的方式筹资，计划发行500股，每股20元，共计10000元。可是，报刊的内容都是妇女问题，在当时只有极少数的妇女能够读报纸，购买股票的人就更少，因此，发行《中国女报》的准备工作虽然已经基本就绪，但只筹集到4000元，还没有钱租房办公以及购置印刷机械。在资金极其困难的情况下，徐自华和徐蕴华姐妹鼎力相助，把开布料店赚得的1500元全部捐给了《中国女报》。1907年1月14日，中国第一份白话文女性杂志《中国女报》面世了，编辑部设在上海四川北路厚德里，陈伯平担任编辑主任，姚勇忱、张剑崖任编辑，徐蕴华任校对，尹维峻负责发行管理，秋美章任总务，

秋瑾主编的《中国女报》

秋瑾自己担任发行人兼社长。秋瑾还在杂志首页发表了《中国女报发刊辞》，署名"鉴湖女侠秋瑾"。秋瑾发表在《中国女报》上的一系列文章、诗词，如《敬告姊妹们》《看护学教程》《勉女权歌》等，和她过去在其他刊物上所发表的作品，共同组成了她宣传妇女解放斗争的有力武器。直到今天，我们依然能从字里行间听到秋瑾的振臂疾呼。

对《中国女报》，秋瑾倾注了巨大的精力，寄予了殷切的期盼。为了办好刊物，她终日劳累经营，为刊物的编纂工作和资金筹集出谋划策，却乐此不疲，并不觉得辛苦。但是，经费不足、刊物销路不广等原因，使《中国女报》在 1907 年 3 月 4 日出了第二期后，终于被迫停刊了。在《中国女报》中，秋瑾用自己的彩笔，勾勒出当时的中国女性从降生人世到归于尘土的悲惨命运，强烈控诉了各种纲常伦理、旧习恶俗对广大妇女同胞的残酷压迫与束缚。她在《精卫石》中感慨道："唉！世界上最不平等的事，就是我们二万万女同胞了。从小生下来，要是遇着好老子，还说得过去；遇到脾气不好、不讲情理的，满嘴连说'晦气，又是一个没用的，恨不得拿起来摔死，总归将来是别人家的人'这类话，冷一眼、白一眼的看待。"秋瑾还批判了强加于妇女身上的缠足现象。"还没到几岁，也不问一个好歹，就把一双雪白粉嫩的小脚用白布缠着，连睡觉的时候也不松开，直到后来，脚的肉开始腐烂了，骨头也断了，但是只要亲戚、朋友、邻居们赞叹自家的姑娘脚真小，便觉得所做的一切都是应该的，值得的，一切努力都没有浪费。"一个个天真无邪的小姑娘们，不停地哭闹求饶，却被长辈死命按住，将她们的小脚活生生地掰断，再用白布层层缠住。余生里，她们只能日日待在房中，靠丈夫养活，相夫教子，织布洒扫，成为男人的附庸。缠脚还使她们的血脉流通不畅，从而面黄肌瘦，筋骨缩小，特别容易患上痨病。即使不成痨病，也是四肢无力，全身骨节酸痛，成了残废的瘸子，泥巴塑出来的美人，无力远行、工作、自立，就好像一个死了半截的人。为此，秋瑾号召女子们要向这种恶俗抗争，勇敢地丢弃那发臭的裹脚布，舒展自己的双脚。她还特意创办了一个叫做"天足会"的小团体，组织妇女们宣传裹脚的罪恶，呼吁大家起来一起打破这种封建陋习。秋瑾身体力行，还在出国前夕，她就率先行动起来，将那捆绑中国妇女千年之久的缠脚布，和被当时人引以为傲的三寸弓鞋，一起扔进了垃圾堆，并且发誓永远不再沾染这些东西。从此以后，她身体力行，一直穿着男式皮鞋。

在漫长的封建社会里，男尊女卑、夫为妻纲、女子无才便是德等成了颠扑不破的真理，但秋瑾认为，这一切都是胡说，都是无稽之谈，都是荒唐得不得了的。她严厉地批判创造这种思想和宣扬这种思想的人，称他们是腐朽至极的人，而宣扬这种思想的书本、制度更是极其野蛮的书本、是违背人性的礼法，她认为封建统治者就是想用这种野蛮的手段来压制、束缚女子，愚弄女子。秋瑾看到欧美国家的许多书本里头，都说民主自由和人人平等，平等的权利是上天赋予的，没有什么尊卑的区别，所以她理直气壮地向全中国宣布："男女都是天生的，不论是四肢五官也好，才干智力也好，都是一样的，他们的权利也应该是一样的，不应该有什么差别。这个世界上根本就不存在女子天生就不如男子的事情，而是因为女子从小就处于被歧视、被束缚的状态，没有接受学堂教育，没有外出游历以增长见识，也没有机会让她来掌握大局做某件事，在这样的环境下，女子的才能要么就是被埋没了，要么就是没有锻炼的机会而慢慢地退化了，如此才让男子有了机会，占据了整个社会的优势地位。"秋瑾认为，只要女同胞们也能够接受教育，能够不受束缚地游历、结交好友，那么女性也一定能出外谋生，侍奉父母，供养家庭。为了鼓舞女同胞们，让她们从自卑感的精神枷锁中解脱出来，认真面对以后的生活，秋瑾还列举了历史上和传说中的许多奇女子，如代父从军英勇杀敌的花木兰，明末勇猛女将领秦良玉等，来说明女子绝不会不如男子，有时甚至比男子还要强些。

当秋瑾还没有走上社会活动舞台、成为民主革命家的时候，她就从骨子里透露出对封建社会重男轻女、各种压迫妇女的旧观念、旧习俗的大胆怀疑。在中国的封建社会，男性都要受到政权、族权和神权这三种权力的支配，而女性除了受到上述三种权力的支配以外，还受到男性的支配，就是我们常说的夫权。随着时间的推移，三纲五常、三从四德等伦理教条，在中国大地上早已被视作天经地义，使中国的女性遭受到难以言尽的折磨、屈辱和痛苦。直到秋瑾生活的年代，这类思想观念依然没有什么改变。为了投身社会舞台，参加爱国和革命活动，秋瑾首先要冲破封建家庭和各种陋习的束缚，否则，她根本没有机会去接触革命活动，只能是和祖祖辈辈的女性一样，居住在高墙深院内，遵循着旧思想的轨迹，最终平淡地死去。但秋瑾不甘心就这样荒废自己的生命，她选择了呐喊，选择了反抗。

秋瑾从自己婚后的不幸生活中，从反抗夫权、冲出家庭的实践中深切地体会到，女子必须敢于冲破封建家庭的束缚，才有可能从事自己想要的社会活动，所以她常常对别人说："如今，我们新少年动不动就说革命、革命，我觉得革命就应该从家庭开始，要革命，首先就得实现男女平等。"她不仅身体力行，还帮助其他女子冲破家庭的束缚。

1905年秋，在中国发生了《苏报》事件。《苏报》主办人陈范为了免受牵连，带着两个浙江籍小妾逃到日本，生活很是苦闷。陈范虽然主张"打倒清政府，光复汉室"，但他的道德观念仍然很陈旧，骨子里的保守思想一点也不比保守派逊色。秋瑾对纳妾的行为极度反感，一听说她们的遭遇，便十分同情，批评陈范有损同乡名誉，设法让他给两位小妾生活费，并发动同乡举行募捐活动，让两个人离开陈范独立生活。

然而，一波未平，一波又起。陈范为了获得革命资金，在没有征得女儿同意的情况下，就和广东商人廖翼朋约定，把自己的女儿陈撷芬嫁给廖当小老婆。他认为父亲可以任意决定女儿的婚姻，没有必要征求女儿的意见，丝毫没有感到父母擅自决定儿女的婚姻大事有何不妥之处。陈撷芬是实行共爱会的会长，也是秋瑾的好朋友。她英语流利，精通英美文学，曾于1902年在上海创办了中国近代史上最早的女性刊物《女学报》，大力提倡男女平等的思想，是当时有名的才女。她经常说："以我对中国妇女命运的思考，必须得做到独立自主不可，想要独立，那么就要切实做到摆脱男性、社会的压力，反抗社会的阻挠，总之就是要独立自主地去完成自己想做的事情，不听从男性的摆布和干涉。"得知父亲要自己给人当小老婆，陈撷芬非常气愤，秋瑾也感到非常愤怒。她认为陈范逼迫自己的女儿给别人做妾，不仅关系到陈撷芬一辈子的问题，还关系到全体留学生的名誉问题，因此，陈撷芬的这桩婚事，必须得取消。

可是，当秋瑾主张去找陈范理论时，陈撷芬忽然胆怯起来。这个时候，她想到了"孝"，觉得自己不能反抗父命，自己的人生道路应该由父亲决定，不管那说辞是多么没道理，也不能抗命不遵，做出违背常规的事情。秋瑾坚决反对陈撷芬的想法，语重心长地对她说："撷芬，你选择天命还是父命？如果别的留学生都带着这样的问题来共爱会求助，身为会长的你，能告诉他们'应该按照父亲的安排，嫁人当小老婆'吗？我们不就是为了改变这种传统陋习而在战斗吗？"听了秋瑾的话，陈撷芬哑口无言，决定按秋瑾说的话去做，但她没有勇气直接抗拒父亲。看到她为难的样子，秋瑾联络了几位同志赶到陈范的住所，和他进行辩论。她愤怒地指责陈范："逼女作妾，即是乱命。"
在秋瑾等人的质问下，陈范理屈词穷，不得不答应取消和廖翼
朋的婚约。最终，陈撷芬通过自由恋爱，和一个叫杨携的四川
人喜结良缘。

　　想要革命，首先就得从家庭革命开始，打破封建传统的男
尊女卑、三纲五常等旧俗陋习，这是秋瑾从事妇女解放运动和
民主革命活动的起点。妇女解放和民主革命，在秋瑾看来，前
者是后者的基础和前提，只有妇女解放了，才能冲破封建思想
的牢笼，才能够说自己想说的话，做自己想做的事情，才能够
追随时代的浪潮，进行民主革命，推翻清政府的腐朽统治。但是，
妇女想要摆脱如奴隶一般的地位，又该走什么样的道路呢？这
也是秋瑾一直在认真思考的问题。为此，她提出要大兴女子教
育事业，使女子能入学校学习科学文化知识，毕业以后去做教
习，开工厂，自个儿养活自个儿。这样一来，既可以使家业兴隆，
又可获得男子的敬重，不仅洗了无用的名，还收了自由的福，
同时获得社会和家庭的尊重。秋瑾还描绘出一幅美丽文明世界
的蓝图：女子经济独立，在家得到家族的欢迎，在外得到朋友
的教益；夫妻间携手同游，姊妹们联袂而语；反目口角的事，
都是没有的。

　　当然，在当时的社会条件下，秋瑾所从事的资产阶级革命
即使胜利了，也不可能使广大妇女取得与男子完全平等的地位，
但是，我们并不能因此就贬低了她在男女平权运动中付出的努

力。秋瑾用文字和行动，在她有限的生命中，为男女平权、妇女解放树立了一个先觉者的典型。

七、督办学堂，掩护革命

　　从日本回国近一年来，秋瑾的精力主要集中在妇女解放活动上，但她不曾一刻忘记过组织武装力量来推翻专制政权。这时候，她历经艰辛筹办的《中国女报》，终于也基本就绪了。于是，她做出人生中又一个重大的决定：动身返回浙江，组织起义活动。

　　到达杭州后，秋瑾在西湖南屏山下的白云庵，会见了正要出发去安徽的徐锡麟。她满心欢喜地接受了徐锡麟的邀请，决定把主要精力从进行文字宣传方面转移到从事武装斗争的组织方面上来。秋瑾热血沸腾，激动不已，她忘我地说道："新的斗争就要开始，驱除鞑虏，解救千万同胞的重任担负在你我身上，我觉得太激动、太兴奋了！"她和徐锡麟初步约定，打算分头活动，筹划浙皖起义，安徽方面的活动由徐锡麟主持，而浙江方面则由秋瑾全权负责。原大通学堂的学生，此时在上海中国公学的陈伯平，则负责奔走于浙皖两地，方便双方联络。那天，徐锡麟向秋瑾等人慷慨陈词："法国革命八十年始成，其间不知流过多少人的血，我国在初创的革命阶段，亦当不惜流血，以灌溉革命的花实。我这次到安徽区，就是预备流血的，诸位不可引以为惨而存退缩的念头才好！"如此充满悲壮气息的临别赠言，并没有吓倒秋瑾，反而增强了秋瑾对自己行将承担的使命的庄严与神圣之感。

1907 年年初，秋瑾从杭州抵达她这次回浙的目的地绍兴。那时候，她的儿子王沅德留在湖南王家，女儿王灿芝在出国前已交托给北京友人谢涤泉代养，后由王子芳托谢家仆人带回了湖南的王家。没有多少家庭牵挂的秋瑾，于是将自己的全部身心，忘我地投入到联络会党、新军、筹划武装起义的紧张斗争中去了。当时，全国各地已经爆发了许许多多小规模的起义，但不幸的是，它们都被清政府镇压了，不少革命党人在大规模的铺网式搜查中被残酷屠杀。这对秋瑾来说，无疑是一个沉重的挫折和打击。于是，她奋笔疾书，在给《女子世界》主编陈志群的信里愤愤地讲道："吾人处此时世而无坚毅之力，则于一切事皆等于纸上谈兵耳。"她认为，人活在这个世界上，都会面对各种困苦和磨难，但是倘若我们没有一颗强大而坚韧的心，那我们所有的计划和理想都没法真正地实现，这和纸上谈兵没什么差别。和其他革命先烈一样，秋瑾一旦认定了目标，就会百折不挠地坚持下去，怎么想就怎么做，这是她最为可贵的品格。这一次，她也是怎么想，怎么说，也就怎么做下去。她决心以大通学堂为据点，把组织和发动武装起义的活动坚持下去。

大通学堂全名"大通师范学堂"，1905年由徐锡麟、陶成章等人创办。当时，在绍兴主持光复会活动的徐、陶二人，趁着清政府废科举、办学堂的机会，在徐锡麟的家乡绍兴东浦大通桥旁的大通寺，兴办了一所学堂，以办学来掩护革命活动。不过，因为徐锡麟有一位思想极其守旧的父亲，他极力反对将学堂设置在绍兴东浦，徐锡麟没办法，只能把学堂设置在绍兴城内的豫仓，仍以"大通"作为校名。1905年9月23日，大通学堂正式开学，学校总共设有国文、英文、日文、历史、政治、理化、算数、博物、体操等共十四门功课。此外，为了使各地会党人员熟悉军事，徐锡麟、陶成章还特地在学堂中附设一班体育专修科，只需要学习军事体操和有关军事方面的知识，不学习别的功课，招收金华、处州（现浙江省丽水市）、绍兴三地的会党骨干，前来进行为期半年的训练。为了进行实弹训练，徐、陶等主要负责人还设法从上海购买了后膛九响枪50支，子弹20000发，并做了明确的规定：只要是大通学堂的学员，必须得加入光复会，成为光复会的成员，即使在他们毕业以后，也仍然受学堂办事人员的节制，需要按时参加光复会的定期交流，完成上级指派下来的任务等等。

其实，当时创办大通学堂还有一个非常重要的目的。原来，光复会成立后，为了开展革命活动，革命党人急切需要筹集经费。1905年4月，蔡元培的堂弟蔡元康从上海回到绍兴，提议用抢劫钱庄的方法来筹集经费，这个观点得到了徐锡麟的赞同。徐锡麟以学堂需要军事训练为理由，向绍兴富商、光复会会员许仲卿借得一笔巨款，并从绍兴知府熊起璠处领到公文，派人从上海买来一批枪支、弹药，寄存在徐锡麟当时执教的绍兴府学堂。随后，徐锡麟亲自去了一趟嵊县，特意嘱咐竺绍康选派二十名身强力壮的青年来绍兴接受训练。为了安置这批青年，也为了准备抢劫钱庄成功后的藏身之地，徐锡麟想以办理学堂为名掩人耳目。清朝末期，绍兴的钱庄每个星期都要用船送款一次，有的是向东行到宁波，有的是向西到杭州。徐锡麟等人计划在水路中行动，为此，他在绍兴东南的东湖加紧训练这批青年，督促他们努力学好划船技术。正当徐锡麟积极准备的时候，陶成章从嘉兴来到了绍兴。当知道徐锡麟等人抢劫钱庄的计划后，陶成章极力反对，他认为不能因为筹款而损害全局。陶成章主张联络浙江东部的会党成员，然后在全国各地加强宣传工作，让更多的人起来响应起义，这样一来，整个革命活动才有成功的把握。如果用抢劫钱庄的方法来筹集经费，推动起义，这是本末倒置的方法，绝对是得不偿失的。经过他的反复劝说，徐锡麟终于打消了抢劫钱庄的计划，而之前借到的用于训练以及存放物资的屋子，便趁势改成了"大通师范学堂"。从此，大通学堂成了另一个"梁山泊"，是浙江各地会党的联络点，也是浙江各地革命力量的中心，全国各地来浙江准备起义的社会人士，都会在这里碰头会面。不久，光复会本部的主要权力，也由上海转移到了绍兴。

徐锡麟在去安徽前夕，把大通学堂的督办一职，慎重地交给了秋瑾。1907年3月18日，农历二月初五，秋瑾正式主持大通学堂的各项事务。而那时，陶成章、徐锡麟等人已离开绍兴，奔赴到其他革命区活动，秋瑾承担了以大通学堂为中心、组织浙江革命力量并准备起义的重任。开学的那一天，大通学堂举行了入学考试。说是考试，实际是测试学员的体力是否可以坚持学习。即使这样，报名人数也没有达到计划招生的人数，于是决定让所有报名的学生都入学，按计划尽快开学。

3月23日，学校举行了开学典礼。大通师范学堂是得到绍兴府认可的征兵预备训练学校，可以拥有枪支弹药，实际上就是绍兴府立学校。因此，绍兴知府贵福、山阴县知县李钟岳、绍兴府教育会会长王佐等都应邀出席了开学典礼，并发表了讲话。贵福在讲话中大赞秋瑾，还挥笔写了一副对联："竞争天演，雄冠地球。"贵福是蒙古人，作为知府的他处事圆滑，又喜欢舞文弄墨，譬如这副对联中，就把秋瑾的号拆为"竞""雄"二字，又用了中国人非常喜欢的"天""地"相对应，充分表达了祝贺学校开学之意。秋瑾接受对联时对贵福深表谢意，贵福也非常高兴，典礼结束后，还和全体人员一起合影留念。贵福当时不会想到，四个月后，就是这副对联和这张照片，使他陷入到极度窘迫和恐慌的境地。对联贴在学堂正中央礼堂内部左右立柱上，向外界显示出学校有官府撑腰的威严，此后学校工作变得很顺利。和官府结交，这是秋瑾掩护革命的一种策略。为了纪念学堂开学，秋瑾挥笔写下"读书击剑"四个草字，把它作为横额挂在学堂内的墙壁上。

3月26日，大通学堂开始上课。学校实行军事化管理，学生全部住宿舍，按照起床、上课、队列练习、下课、熄灯等作息时间安排步兵训练，其间加入各类课程。校外训练场设在距离学校数公里之遥的龙山南麓，学生经常跑步到训练场进行野外训练。学校动员所有学生参加光复会，学生组织包括最基层组织全部仿照新军编制。秋瑾每天都会骑着马，或者让自己的仆人阿金摇着小船，来往于和畅堂住处和大通学堂之间。她闻鸡而起，戴月而归，竭尽全力地主持学堂工作。人们常常会看到，她梳着一条辫子，身上穿着鱼肚白竹布男长衫，脚上套着一双黑色的皮鞋，一副男装打扮，在绍兴的大街小巷出没。当时的孩子们见到秋瑾，常常围在她的马前马后，不住地打量她，在她身边大笑、大吵、大闹，而她莞尔一笑，从不呵斥他们。

主持大通学堂后，秋瑾首先努力整顿学堂，从而加强内部团结。原来，在1905年冬天的时候，徐锡麟、陶成章等大通学堂的创办人，几乎是在同一时间将自己的官职搁下，奔赴日本去留学，整个大通学堂一时群龙无首，缺乏相应的人来主持事务。学校里头纪律松散，没有任何规章制度可以遵循，就算是有，学员们也将它视为无物。学员们内部之间相互倾轧，相互看不惯、指责、争吵那是家常便饭。他们拉帮结派，今天打架，明天斗殴，种种劣迹，屡见不鲜。况且这类事情还闹到社会上，让人们对大通学堂的学员们产生很坏的印象，造成了严重的不良影响，以至于当时的百姓讥笑大通学堂为"强盗学堂"。因此，秋瑾在主持学堂后，首先就以内部的纪律和团结问题为重点，严肃整顿，很快就消除了学堂学员们的内部纠纷和涣散状态。紧接着，她于农历正月下旬和三月初，又两次到诸暨、义乌、金华、东阳、永康、缙云等地去联络会党。她得到义乌人吴琳谦、金华人徐顺达、武义人周华昌等龙华会成员的全力支持，工作进展得很顺利，先后动员和组织了一百多名会党青年骨干到绍兴，安排他们在城内的"诸暨册局"另设的体育会和大通学堂附设的体育专修科训练。

为了掩护革命工作，并且借大通学堂来抵制当地反动势力的干扰，有时候还得窥探绍兴清政府的军政情况。为此，秋瑾从一开始就用心和绍兴知府贵福等人搞好关系。其实，秋瑾是通过知府贵福幕僚中一位姓徐的亲戚，结识了贵福。在大通学堂的开学典礼时，她特意请来了贵福和山阴、会稽两县的知县，到校致颂词，并且让他们和大通学堂师生合照留念。这样，一方面可以减少社会上的一些流氓地痞对学堂工作的干扰，也为从事革命起义工作争取到了许多重要的便利。除此之外，秋瑾和贵福并没有什么其他的往来。

在上述整顿校纪校风、加强内部团结、注意利用贵福的同时，秋瑾还着手大大扩充了大通学堂的招生人数。在秋瑾主持大通学堂后不到一个月，大通学堂就于 4 月 7 日在《绍兴白话报》第 131 期上登出招收第二批学生的广告，年龄范围从虚岁 18 岁到 30 岁，这正是在家里充任主要劳动力的年龄，没有相当经济实力的人根本不可能来报名。此外，秋瑾还密嘱光复会会员项霈、洪士俊、周琮、唐荣甲等人，在临海县办了耀梓学堂，它的一切校规校纪，都按照大通学堂的模式，以作为"大通学堂之援应"，从而相互呼应。

从大通学堂毕业的两届体育专修科学生，对外称自己为"国民军"，这个称号在社会上引起了广泛的影响。国民军骁勇善战，得到了社会各界人士的一致好评。于是她想打破社会传统的常规，计划招收一批女生入校学习军事，编成一支由她个人亲率的女子国民军。于是，她在绍兴城内的诸暨册局另立体育会，来安置这批女生。这是秋瑾号召妇女投身革命，把妇女解放与社会解放结合起来这一杰出思想的试行。只是这个女子国民军还未出世，就不幸夭折了。因为当地绅、学两界思想保守者的反对，很少有女子前来报名，使得这个计划最终未能实现。如此看来，顽固势力是扼杀新生事物的主要祸首，而保守势力又对新生事物起了阻碍作用，倘若想要新事物有更好、更快的发展，必须将顽固势力和保守势力统统铲除，为其清除障碍，铺平道路。因此，从实际上讲来，女子国民军只是空有一个名目，没有学员，也没有实际的组织，更别提实际的活动了。有些人回忆起来，也没有什么史实可记，只能提供一个具体的地址，供后人指点罢了。但创立女子国民军这种行为本身，就是对顽固和保守势力的宣战。

既然女子国民军没法创建，于是秋瑾改收金华、处州、绍兴三府会党骨干六十多人，到诸暨册局的体育会进行训练。她亲自担任教练，并派赵洪富充任司账兼学监，张乾担任体操教员。这就是大通学堂所附属的体育会，或者叫做仓桥体育会。这个会是继承女子体育会而来的。仓桥体育会从三月中下旬开始酝酿直到四月初正式开始创办。整个体育会组织完善，从学监、教官、司账到具体行政部门，一应齐全。有自己的教学和办公地点，有学员100多人，有定期的训练。需要注意的是，它和大通学堂体操专修科有相同之处：都是以会党人员为主要的招生对象，都以兵式体操为主要的训练内容。所不同的是，这些学员不属于大通学堂而属于仓桥体育会。这些学员的招收与训练目的也不同：前者是毕业后回乡办乡团，而后者是秋瑾为准备武装起义而培养的起义力量。

在秋瑾的主持下，大通学堂的学生无论是起床还是熄灯，上课还是下课，都统一使用步兵号角。整个学堂的氛围严肃认真，学员们也仿照正式的陆军编制，除星期日外每天三次操练四次讲堂学习，学员们每天都会集体跑到几里路外的大操场去操练。

清晨，激越的号声把学员们从床上唤起时，秋瑾就已经身穿军衣，怀揣手枪，腰佩钢刀骑在马上了。她带领学员们跑到半里路外的大操场，进行严格的军事训练。有时朝露未干，青草没胫，只要教员高声下令"五六百米卧倒！预备！放！"学员们不管地上有马尿或是牛粪，都必须毫不犹豫地立即扑倒，并且假想敌人就在前方，眼亮手准地动作起来，对准前面的目标"开火"，训练三节课后，才整队回到住处。学员们所使用的枪，是从俄国买来的老毛瑟后膛枪，分量是非常重的，所以操练枪械最累人。倘若教练不喊停下，不允许退缩，也不允许放弃。学员们每每训练下来，手臂都酸得不得了，还在咬牙坚持。还有跑步，训练中要求严格控制步伐的大小和速度。因为训练模式是一分钟走多少步，这样才能精确折算为行军距离，在作战的时候才会发挥作用。除了星期天外，每天都进行这样的训练。倘若是下雨天，学员们就改在食堂操练，或者就围绕着学校走廊跑步。此外，还有每周一、三、五的一小时器械体操，进行单杠、跳马、吊环、跳远等训练。在所有这些训练中，教员都特别严格，一丝不苟。譬如正步走得不好，他就用未开刃的指挥刀敲击学员的腿，夜间行军，学员爬不上山，他就推一把；泅河，学员不敢下水，他也推上一把。每项训练均一再进行，直到学员掌握为止。有时候还进行真枪实弹的军事演习，大通学堂所存的两万颗子弹，在秋瑾的调度下，骤降至六七千。对待学员如此严格，使得他们在很短的时间内就克服了散漫的习气，掌握了较为简单的军事知识，为即将开展的武装起义，准备了一批初级军事干部。

由于起义迫在眉睫，而那个时候又是大通学堂的暑假时间，因此，秋瑾便将体育会学生迁入大通学堂内住宿、训练，为武装起义做好充足的准备工作。另外，她将体育会的名义改称为"大通学堂附设体育会"，对外则称作"体育传习所"。当时有这样一则新闻报道了此事："山阴的秋瑾女士，年轻的时候在东京留过学，在上海等地方旅居很多年。最近的一段时间里，她在绍兴地区建立了一个体操传习所，想要提倡尚武精神。她特意聘请了从武备学堂毕业的魏君给大家教习，在近期的时候已经开办，听说必须要在学校里头训练六个多月才能毕业。"

秋瑾还设法解决了长期困扰大通学堂的办学经费紧张问题。整个学堂从第二期开始，运行经费由同人筹集，大通学堂就是在同人的支持下勉强地运作起来，但是经济到了捉襟见肘的地步。在大通学堂内，所有的教员基本上就是义务教学，或者是半义务教学，而薪金少得可怜，每月最高20元为限。由于经费有限，学校设施都十分简陋，破旧不堪，但是学生训练的器材，都一应俱全。除了一般的教学设备外，主要是军事训练用的枪支弹药，还配有天桥、平台、铁杆、木马、秋千、铁环等体育训练器械。

秋瑾接任大通学堂督办后，办学经费更加紧张。大通学堂在创办初期，就缺乏经费来源以支持办学教育，在社会上，因为影响力不是很大，也得不到社会各界的经费援助。所以，当学校开始运作的时候，财政极其紧张困难，而在此时，徐锡麟又离开了大通学堂，将此重任全部交给了秋瑾一个人。秋瑾终日冥思苦想，为经费问题发愁，但是她始终坚持一个信念，只要大通学堂的同志能够团结在一起，有坚忍不拔的毅力，那么，再大的困难也能够挺过来。为了经费，秋瑾绞尽脑汁，甚至把自己身边所有值钱东西都拿去当铺典当，换得一点钱来投给学校，她的这种行为举动，很好地鼓舞了她身边的同事，激励了整个大通学堂的教员和学员，振奋了大家克服困难、努力操练的士气。

万般无奈之际，秋瑾只得硬着头皮，与竺绍康带着校工阿金、阿富去湖南，路过长沙的时候，住在长沙通泰街忠行园王时泽家，以办学为名，向湘潭王家索要数千金。秋瑾一行为了节约费用，都借乘来往运货的商船。到达湘潭时，秋瑾只身一人奔赴前夫王子芳的家中。王黻臣根本没有想到儿媳妇还会回来，喜悦之余又感到疑惑和不安：子芳在外地工作没有回家，孩子们也不在这儿，儿媳妇为什么会回来呢？同时，他也疑惑秋瑾是不是在外漂泊已久，身心俱疲，想要回心转意回归王家。王黻臣内心认定秋瑾就是如此，当时他也认为这想法很正常，很符合情理。于是一见到秋瑾，便嘘寒问暖，十分热情，希望她能和儿子王子芳破镜重圆。秋瑾单刀直入地对他说："我现在被任命为绍兴大通师范学堂的督办，目前最重要的事情就是教育工作，绍兴知府和许多官员都希望我的工作取得成绩，为了学堂的发展，今后必须还要投入大量资金，恳请公公出资支持。"这一次，秋瑾又巧妙地利用大通学堂的头衔，为革命筹集资金。虽说她仍然是王黻臣的儿媳，现在却是以绍兴府衙门为靠山的学堂督办，看着眼前身着男装的儿媳，王黻臣无法显示出长辈的威严。他先交给秋瑾3000大洋，然后问秋瑾："你今后有什么打算？子芳和沅德、灿芝这两个孩子怎么办？趁你回来了，咱们把这个问题解决了。"接下来的日子里，王黻臣的妻子对秋瑾进行了严密的监视，让秋瑾没法脱身逃走。直到有一天，秋瑾趁王氏去看戏的时候，拿着钱偷偷跑掉了。这笔钱解了大通学堂的燃眉之急。

4月间，秋瑾自己率领九十多名学生在野外进行实弹射击练习，她大声发令，"前进！射击！"学员们一起举枪射击，枪声响彻天空。训练期间，来自杭州弁目学堂的教师和即将毕业的学生们，其中一部分已经加入了光复会，也参加了野外训练，秋瑾热情地欢迎了他们。与此同时，秋瑾加强与外界的联系，经平阳党首领竺绍康介绍，"沙门"的首领大开也赶赴大通学堂登门拜访。秋瑾和他一见如故，在大通学堂畅谈许久。大开富有作战经验，曾经领导过东阳玉山尖夏家庵等地方的起义。同时，秋瑾还会见了浙江南部青田人将绿飞，他是体育专修科毕业生，毕业后被派到浙江东南部一带负责组织队伍。

秋瑾个性独特，在指导学员们进行军事训练时，她总是穿着男式体操服装，骑着马在城内走来走去，当时整个社会的思想还十分保守落后，秋瑾这样的行为在那些封建思想根深蒂固的人看来，是违背纲常的。于是当地一些保守的老头子们纷纷对秋瑾表示不满，他们聚集在一起向秋瑾发难，斥责她说："一个女教师跨马在大街上到处游走，这成何体统！"由于秋瑾有许多自己的学生作为强大的后盾，他们据理力争，将对方驳得毫无还口之地。但是，绍兴有许多顽固分子对大通学堂持否定态度，其中，徐锡麟的父亲徐鸣凤是最大的反对派。这些人中，有个劣绅以宗阿八的名义在墙上贴出标语，污蔑"大通学堂是贼匪的巢穴"。学生代表将诉状递到巡抚衙门，要求处罚宗阿八，但知府贵福并没有受理，反而斥责学生们不安分。

驻杭州的浙江巡抚张曾扬得知大通学堂的情况，仔细思量后，感到绍兴局势不安定，立即派人搜查学堂。潜藏在巡抚院内的光复会内线及时通知秋瑾，秋瑾马上命令学校师生把秘密文件以及和教育无关的枪支等转移到其他地方。搜查人员仔细搜查了学校的各个地方，没有找到可疑的东西，只好空手回去复命。但是，秋瑾已经明显感到官府开始注意学堂的动向，特别是浙江巡抚比绍兴知府更加怀疑学校。张曾扬原本就对安庆的徐锡麟持怀疑态度，因此，更加严密监视徐锡麟创立的大通学堂和秋瑾的行动。

处于风雨飘摇中的清政府感到武装起义已燃上眉梢，革命党人也感到革命取得成功的可能性越来越大。在这种形势下，秋瑾几个月艰苦、紧张的努力，为日后组织武装起义打下了必要的基础。

八、筹划起义，部署革命

秋瑾以大通学堂为据点，积极联络浙江各地会党，集聚革命力量，为发动武装起义做好准备。她不仅在大通学堂内加紧扩充和训练学员，还亲自前往浙东各地联络秘密会党，又多次来到杭州，在驻杭新军和武备学堂、弁目学堂中做教育和联络工作。

当时中国社会中的秘密会党组织主要有两大系统：一是长江以北广大地区的白莲教，二是流行于南方各地和海外华侨中的天地会。而浙江是秘密会党历史悠久、分布很广的一个省份，到二十世纪初，主要有以沈荣卿、张恭、周华昌为首的龙华会，以王金宝、吴应龙为首的双龙会，以竺绍康为首的平阳党，以敖嘉雄为首的祖宗教等等，势力几乎遍布全省。其中，龙华会和平阳党与秋瑾及光复会的联系最为密切。龙华会的总部设在金华，在金华府各县都有分部，台州、处州、绍兴、温州等府也有活动，会众号称五万，实际有两万多人，是浙江人数最多、势力最大的一个秘密会党。平阳党以嵊县为总部，徒属号称万人，是绍兴势力最大的一个秘密会党组织。他们都反对清朝统治，因而成为当时光复会和同盟会等在浙江从事革命斗争最重要的依靠力量之一。通过革命党人的联络和组织，这些拥有不同家规、党章和暗号的会党，终于能够进行统一的行动。

早在1905年重赴日本前夕，秋瑾就在陶成章的介绍下，认识了正好在上海的浙江处州会党骨干丁镛、吕熊祥等人，这是她同浙江秘密会党正式接触的开始。同年年底，从日本退学回国的秋瑾，在陶成章、徐锡麟等人工作的基础上，奔走浙江各地，花费很大的精力，进一步广泛地联络和组织各个秘密会党，以便把他们纳入到浙皖起义的统一行动轨道上来。在联络会党和光复会人员的活动中，秋瑾常常跋山涉水，风餐露宿，一日行程几十里，这对于像她那样从小被裹了足的女子来说，是多么艰苦的事啊！但是，为了组织革命，秋瑾不辞辛苦，甘之如饴，亲自向各个地区的会党做革命宣传和教育工作。

1907年1月，刚刚回到绍兴的秋瑾就亲自去诸暨、义乌、金华、兰溪等地，会见那里的会党头目，努力消除光复会和秘密会党之间的隔阂，并和他们一起商讨加强组织间的联系和发动武装起义等事项。这年3月和4月，秋瑾又先后两次去诸暨、义乌、金华、东阳、永康、缙云等地联络会党。她为革命、为救国而不辞艰难的崇高精神，赢得了浙江各地会党人物和光复会同志的极大尊敬，得到义乌人吴琳谦、金华人徐顺达、武义人周华昌等龙华会骨干的全力支持，这让秋瑾联络会党的工作顺利了许多。除了加强与各地会党的联系外，秋瑾还先后从这些会党中动员和组织了一百多名青年，让他们进入大通学堂体育专修科和诸暨册局新设的体育会去接受军事训练。秋瑾所做的这些努力，为组织反清武装起义准备了基础力量。

与此同时，秋瑾还努力争取驻杭新军。"新军"是清政府在甲午中日战争之后按照西方国家的模式编练起来的新式陆军。清朝前期的正规军是"八旗兵"和"绿营兵"，太平天国运动兴起后，湘军和淮军崛起，取代它们而成为清军的主力。1894年甲午中日战争爆发后，湘军和淮军在战场上节节惨败，已不足以维持清朝的统治了。为了延长王朝的寿命，镇压日益高涨的人民反抗斗争，清政府于1894年冬，派广西按察使胡燏棻，仿照西法编练新式陆军。1895年3月，胡燏棻募集五千人，编成十营，号称"定武军"，队伍初始驻扎在天津附近马厂，后来屯兵小站。甲午战争结束后，胡燏棻调任，这支军队由袁世凯接管，并被改名为"新建陆军"，全面使用新式武器，重新编练军队。1901年《辛丑条约》签订后，清政府在创办"新政"的名义下，加快编练新军的速度。至1903年，清政府下令改革兵制，淘汰"绿营兵"，在中央设练兵处，由奕劻任总理，袁世凯任会办，统一和扩大全国新军的编制。1905年，又将编练新军的活动推广到全国各省。

新军模仿西方列强的军事制度和训练方法，使用的是新式武器，士兵多数是破产的农民和手工业者，青年知识分子，军官全部是国内各武备学堂的毕业生或留学回国的学生。他们加入的虽是维护清朝统治的军队，但许多人都不同程度地受过革命思想的熏陶和革命思潮的冲击，耳闻目睹清政府的腐败统治，对社会现状强烈不满，深切同情革命运动。此外，一部分青年革命党人有计划地投身新军，在新军内部进行秘密的宣传、组织工作，使新军成为各地革命党人努力争取的重要力量。1911年的武昌起义，就是投身新军的革命党人利用新军的力量发动的。

秋瑾回浙江组织起义期间，在浙江的新军以步兵两标为基干。第一标驻扎在杭城东北郊的笕桥梁，标统李益智是个顽固的旧派人物。标内各级军官有武备学堂的毕业生，也有其他出身的。第二标驻扎在杭城东南郊望江门外海潮寺，标统蒋尊簋是日本陆军士官学校骑兵科的毕业生，也是浙江籍加入同盟会的第一人。标内的中下级军官，绝大多数是武备学堂及弁目学堂的毕业生。

当时，杭州的主要军校是浙江武备学堂，它坐落在城东蒲场巷内，虽是清政府培养新军干部的官办学校，却因革命党人的努力活动，成了杭州革命党人活动的主要基地。浙江新军中的许多军官，主要是武备学堂出身，光复会和同盟会中的许多会员，也是从这所学校毕业的。因此，秋瑾到杭州联络和发展新军官兵参加革命，也是以武备学堂为主要目标。此外，杭州

《辛丑条约》签订场景

的另一所军校，也就是蒋尊篮于 1906 年筹编第二标时创办的弁目学堂，也是秋瑾争取的重要对象。弁目学堂直属第二标标统，招收了年龄在二十岁左右、具有高小和初中文化的青年二百人，培养他们成为班长等初级干部，其中有不少是大通学堂的老学生，这为秋瑾的联络工作提供了极大的便利。

1906 年 12 月，和往常一样，秋瑾身穿玄青色长袍，脚蹬黑色皮靴，完全一副男人的装扮。她走进杭州过军桥附近一家名叫荣庆堂的小客栈，穿过一个狭小的天井，进入一条小巷左首的一间屋子。这时，她刚刚从上海回到浙江，准备去绍兴主持大通学堂，联络浙江各地会党，响应萍浏醴起义。路过杭州时，她抓紧时间同武备学堂、弁目学堂、赤城公学等学校以及新军中的革命党人联系，并在他们中进一步发展革命组织。在她住屋的斜对面，有一间隐蔽的小房间，那是她和革命党人接头的地方，也是她吸收同盟会、光复会新会员以及同新会员谈话的地方。在这里，秋瑾命令光复会会员吕公望设法打入浙江巡抚院守备队，迅速探明新军守备队，特别是洋枪队的情况，并把相关信息尽快向组织汇报。期间，她还察看了杭州城内外的街道和出入路径，并将其绘制成地图，以便今后起义时能顺利地进攻和占领要地。

在杭州短暂逗留的日子里，秋瑾还约了挚友徐自华，一同在凤凰山巅鸟瞰西湖全景，凭吊南宋宫殿遗址。下山后，她们去祭拜了南宋抗金名将岳飞的坟墓，秋瑾在岳墓旁久久徘徊，不愿离去。徐自华打趣说："你是不是想死后也葬在西湖之畔？"秋瑾感叹道："要是真能埋骨于此，那可真是福分太大了呀！"徐自华禁不住又问："如果你死在我前面，我一定将你埋葬在这里；如果我先死去，你会将我埋葬在这里吗？"秋瑾微笑着说："那就看我们谁先得到这个便宜了！"似乎在此时，秋瑾已经预感到自己将要为革命付出生命的代价了。

这时候，不幸的消息接二连三传来。首先是 12 月上旬，湘潭的同盟会会员刘道一、蔡绍南、魏宗铨等和湖南、江西的会党，共同在浏阳、醴陵、萍乡等地发动萍浏醴起义。起先战斗颇为顺利，各个会党争先恐后地要求参加，很快就组成一支三万余众的起义大军，使清政府陷入极度恐慌之中。但是，这些临时组织起来的军队，缺乏统一的指挥和补给，到了 12 月下旬，就被都督龚春台率领军队反扑消灭了。其次是 12 月 29 日，秋瑾深爱着的母亲在绍兴和畅堂的家中病逝，这几乎让秋瑾痛不欲生，她匆匆赶回家乡奔丧。此后，又传来起义指挥刘道一在衡山被捕的消息。12 月 31 日，他在长沙浏阳门外就义。刘道一的牺牲，使同盟会又失去了一位优秀的战士。

但是，秋瑾行事历来坚韧不拔，雷厉风行，再大的打击都击不垮她救国救民的决心，她仍然奔走在组织、宣传革命的最前线。经过艰苦卓绝的努力，在不到半年的时间里，秋瑾已和浙江会党、驻杭新军建立了密切的联系，并在会党、新军及武备学堂、弁目学堂等学校的师生中，吸收了六百多人加入光复会，扩大了浙江的革命力量，为发动武装起义建设了一支较为扎实的基本队伍。

在此基础上，秋瑾准备把这些革命力量统一编排起来。1904年5月，秋瑾先把浙江各地的会党成员，统一编组为十六级。紧接着，秋瑾把这些会党力量，连同所有在浙的光复会会员，用"光复汉族，大振国权"八个字，统一改编为八个军，总称为"光复军"。光复军大将由徐锡麟担任，副将由秋瑾担任，又有行军两名，光、复、汉、族、大、振、国、权八军都设置中军、左军、右军、中佐、左佐、右佐、中尉、左尉、右尉九个军职，还规定了白底黑色"汉"字军旗，军服、头巾、肩章、胸带等等的具体样式。此外，还任命张恭、竺绍康、王金发等二十八名会党干部为起义指挥，分别担任各地区起义部队的队长和副队长。同时，秋瑾还拟定了发动起义的具体行动计划和日期：定于7月6日先由金华府发兵，处州府响应，等到杭州清军前往镇压、省城空虚之后，立即从绍兴派出义军，渡过钱塘江袭击杭州，而事先约好的驻杭新军即武备学堂、弁目学堂的革命党人，则从内部响应，里应外合，一举夺取杭城。如果行动不成功，起义军应立即返回绍兴，经金华府、处州府而出江西，到安徽和徐锡麟的力量汇合。在浙江起义的同时，徐锡麟也在安庆发动起义，两省配合，争取先夺取这两个省的要地，之后合取南京。这些计划，应该说还是比较周密的。秋瑾还亲自草拟了《光复军起义檄稿》《普告同胞檄稿》《同胞苦》等文章，斥责清政府祸国殃民的统治罪行，以便在起义发动后随处张贴，号召人民同情起义。

至此，全省的革命力量大都被纳入到一个统一的重大行动计划中，发动武装起义的日子已经近在眼前了。

准备大体就绪后，秋瑾立即前往上海会见陈伯平，叮嘱他迅速将浙江起义的计划报告给徐锡麟。徐锡麟自1906年12月由浙江调任安徽后，初任安徽陆军小学堂会办，次年3月改任安徽巡警学堂会办兼巡警处会办，掌握安徽全省的巡警、治安大权。安徽巡警学堂位于安庆城内东侧的百花亭，总办是安徽按察使，但校务实际上全由会办徐锡麟掌握。徐锡麟利用职务之便，积极开展秘密工作，在思想进步的学员中宣传和组织革命工作。同时，他也积极争取驻安庆新军，并通过各种努力，与步营管带薛哲、马营管带倪映典、兵备处提调胡维标、马营排长常恒芳、督练公所学员龚振鹏、士兵孙希武等人，建立了联系，逐步发展了一批革命力量。陈伯平是秋瑾和徐锡麟之间的联络人，这时他正奉徐锡麟之命在上海秘密印刷起义文告，并添置手枪等武器，为发动起义做着认真的准备。

起义前夕，秋瑾也费尽心力，千方百计筹集资金，以购买革命必需的武器。为此，她在百忙中抽身去崇德石门镇看望好友徐自华，请求经济上的支援。徐自华慷慨地变卖了自己的全部首饰，将得到的三十两黄金全部交给秋瑾。徐自华这样做不仅是因为与秋瑾的姐妹之情，同时她也认为秋瑾的事业是神圣的。秋瑾深知这三十两黄金是徐自华的全部财产，便把自己身藏的一只翠钏回赠给她作为留念。临别时，秋瑾作诗一首赠给徐自华，并握着她的手说："拜托姐姐不要忘了咱们在西湖边上的埋骨之约。"二人相拥而泣，徐自华心如刀绞，痛哭着与秋瑾话别。此时的秋瑾，已经义无反顾地要将自己的生命全部贡献给这场斗争了。

九、坚贞不屈，英勇殉难

正当秋瑾和徐锡麟在浙、皖两地分头活动，积极组织起义力量之际，他们的行迹受到了清政府的注意。1907 年 4 ～ 5 月间，浙江省特地派人从杭州前往绍兴，假借盘查谷仓之名，到大通学堂密访暗察。幸而大通学堂的有关人员事先得知消息，把一切机密文件收藏起来，枪支弹药也被转移到别的地方，才未让他们获得任何"不轨行动"的证据。但清政府对大通学堂的怀疑，显然并未因此消除。

6 月 24 日，秋瑾回到大通学堂，立即决定提前放暑假，让学生们分头到各地通知起义计划，并以光复军协领的名义，命令浙江的光复军于 7 月 6 日共同起义。

但是，还未得知秋瑾在浙江的行动计划之前，徐锡麟在安徽的革命活动就开始暴露了。因为有个名叫叶仰高的会党人物，平时从他的老乡、光复会人吕熊祥那里得知了一些光复会的行动。6 月间，他在上海被清政府逮捕，便供出了一些光复会会员的代号，还说有些革命党人已经混入了安庆官场。幸亏他并不确知这些革命党人的真实姓名，而当时在安庆官场中的浙江人又很多，因而清政府一时还查不到这个人究竟是谁。两江总督端方把叶仰高提供的名单电告安徽巡抚恩铭，嘱咐他查办此事。恩铭不知道，也没想到徐锡麟就是名单中的一个，反而和他一起商议办法。徐锡麟看到自己的代号"光汉子"赫然在目，不由得大吃一惊，他认识到自己的身份很快就会暴露，因此决定赶快动手，举行起义。

这时候，陈伯平从上海回到安庆，向徐锡麟转告秋瑾的浙江起义计划。于是，徐锡麟决定在秋瑾发动浙江起义后的两天，也就是7月8日，利用安徽巡警学堂举行毕业典礼之际，邀请安徽巡抚及其他大员参加，随后举行起义，一网打尽全省高官，占领安庆。他把这一决定秘密告知一些安庆军界的革命同志，请他们届时协助、响应。但到预定之日前不久，恩铭因事要徐锡麟提前两天举行毕业典礼。徐锡麟无奈，只得在未及通知军界革命同志的情况下，提前于7月6日举行起义，这个日期正好与秋瑾原定的浙江起义为同一天。

7月6日上午八点后，巡抚恩铭和省里的其他高官陆续来到安徽巡警学堂，参加这一年度的毕业典礼。时钟敲过九下，他们进入礼堂就座，观看学生演练。毕业生分为官生、兵生两班站在台下，徐锡麟率学堂教员站在台前，陈伯平、马宗汉站在他旁边。典礼开始，官生班先向恩铭等人鞠躬行礼，恩铭等人回礼，兵生班行礼，恩铭等人再回礼。这时候，徐锡麟突然上前向恩铭举手行礼，并将学生名单放在恩铭面前的桌子上，大声说："回大帅，今日有革命党起事！"这是他事先同陈伯平、马宗汉约定的行动暗号。恩铭大吃一惊喊道："徐会办，你从何处得到这个消息？"话音未落，陈伯平已经跨上前来，把藏在身上的一枚炸弹向恩铭猛力掷去，可是炸弹没有爆炸。恩铭惊慌失色下立即站起，未等他反应过来，徐锡麟马上说："大帅勿惊，这个革命党，我终当会为大帅拿到。""到底是什么人？"恩铭接着问道。"不是别人，就是我。"徐锡麟一边说着，一边俯身从靴筒里抽出两把手枪，左、右手各拿一把，举枪向恩铭射击。面对指向自己的枪口，恩铭惊诧不已，难以置信地问徐锡麟："徐会办，你拿枪干什么？验枪吗？"话音未落，随着"砰！砰！"两声枪响，恩铭已被射中。这时，侧立在恩铭两旁的人试图反击，结果也被子弹击中。礼堂内乱成一片，吓得魂飞魄散的文武官员纷纷在混乱中逃跑。徐锡麟原先的计划是一枪打死恩铭，接着枪口左移一发击毙番司，再一枪击毙右侧的杲司，与此同时，由陈伯平和马宗汉二人分别射杀在座的其他官员，将他们一网打尽。徐锡麟虽然是神枪手，但双眼高度近视，无法确认是否击中目标。尽管他向恩铭射中七枪，却均不是致命伤，直到陈伯平追上来开枪后，才给了恩铭致命一击。番司背着身受重伤的恩铭上轿，恩铭的双脚搭在轿外，一行人仓皇出逃，回到抚署不久后恩铭就死去了。临死之前，他还呻吟着喊道："快！快去逮捕徐锡麟！快去！"。

学堂内的官吏们已经四散而逃，徐锡麟紧握着出鞘的大刀，边敲桌子边充满战斗激情地喊道："我们已经杀了巡抚，下面就要抓官吏，我们的革命开始啦！"但是，他的情绪越高昂，绍兴口音越重，下面的学生根本听不懂他在讲什么。陈伯平和马宗汉左手举着带血的大刀，右手紧握冒着硝烟的短枪，向学生们发布命令。接着，他们向安庆内军械所前进，打算夺取那边存放的武器。徐锡麟走在队伍前列，中间是马宗汉，后面是陈伯平。可是，跟随他们的二百余名学生接二连三地逃走，到达军械所时只剩三十多人。即使如此，守卫军械所的清军远远看到学生队伍走近时，就已仓皇逃走，在他们看来，革命军神秘而恐怖。

占领军械所后，徐锡麟打算向安庆城外待命的同志请求增援，但此时他们已被清军团团包围，派出去联络的人根本无法突围出去。清军惧怕革命军，只是远远地围住军械所，根本不敢往里冲。无奈之下，新被任命的安徽巡抚冯熙诱之以利，宣布只要抓住徐锡麟，就可以领赏金七千银元。在金钱的诱惑下，清军这才发动进攻，他们的腐败可见一斑。而徐锡麟等则愈战愈勇，督促学生们拼死战斗。从早上到下午，他们没有喝一口水，没有吃一粒米，经过四个小时的激战，消灭清军一百多人。清军惊慌地退了出去，他们没有想到学生们的抵抗这样顽强。冯熙焦虑不堪，反复催促清军再次发动进攻，但他们谁也不愿意去拼命。看到这个情景，冯熙只好下令："谁抓住徐锡麟，赏银一万！"重赏之下，清军这才鼓起勇气冲了进去。在重重围攻下，陈伯平英勇战死。马宗汉向徐锡麟建议道："既然起事不成，不如我们炸掉军械所，和清军同归于尽吧！"听了此话，徐锡麟摇了摇头说："我们起义是为了反抗专制统治，如果炸掉军械所，那安庆全市也会被烧毁，我不忍心啊！"身边牺牲的同志越来越多，徐锡麟浑身血迹斑斑，衣服支离破碎，在最后一刻，他静静地坐在昏暗的仓库角落里，听着敌军的脚步声越来越近，他在想些什么呢？

接着，徐锡麟、马宗汉被捕。徐锡麟被带到按察使署，受到张次山、冯熙和毓朗的审讯。毓朗命令徐锡麟跪下，徐锡麟瞪着他说："你神气什么，再坚持一会儿，我就能杀了你！"面对审讯官的质问，徐锡麟慷慨陈词，表明了自己的政治主张。当天，徐锡麟被清政府以酷刑惨杀，马宗汉则在受尽折磨后于8月24日被害。徐锡麟主持的安庆起义悲壮地失败了。辛亥革命后，孙中山向徐锡麟献了一副挽联以示哀悼："丹心一点祭余肉，白骨三年死后香。"

在此之前，浙江各地的光复军或会党，或者先期行动，或者遭到了破坏。6月下旬，平阳党别支乌带党的头目裘文高，并未取得光复军平阳分统竺绍康的同意，突然在嵊县西乡廿八都村起义，虽然在交战中杀死清军官兵几十人，却使清政府高度关注浙江形势，并下令悬赏竺绍康、王金发等人。针对这一情况，秋瑾决定让周华昌、叶颂清、余炜等三十二名壮士组成"敢死队"奔赴杭州潜伏，并迅速召集二百人做好接应准备。清政府和革命党人暗中的攻防斗争，越来越朝着一触即发的状态发展。当时，武义、金华的起义尚未失败，因此，只要克服重重困难，武装起义还是有可能取得胜利的。

但是，7月初，武义和金华等地的起义计划被清政府发觉，起义组织几乎处于崩溃状态。武义光复军分统刘耀勋在接到秋瑾的通知后，立即命令他的下属聂李唐做好起义准备，但这一消息却被聂李唐泄露出去。一时之间，武义的居民纷纷贮藏粮食、食盐等物品，许多商店开始闭门谢客，这些异常事件让武义知县钱宝镕嗅到了危险的气息。于是，他向省里请求派兵前往弹压。杭州方面派出的沈棋山率军到达武义后，很快逮捕了聂李唐，并从他的口供中得知刘耀勋是当地光复军的领导人，甚至获悉光复军的指挥中枢就在绍兴。清军在7月2日逮捕了刘耀勋，把他拷打致死，并大肆屠杀当地的革命群众，破坏了武义的革命力量。聂李唐这个叛徒，还供出了光复军其他一些干部，其中也包括大通学堂职员赵卓。

金华起义也遭到了同样的挫折。在起义命令传来时，金华光复军分统徐顺达正好因土地纠纷，被官府误判关进了监狱。他的下属倪金为营救徐顺达四处奔走，正是倪金将这一消息传入狱中。但是，倪金在定制军服时和店主发生了口角，从而惊动了巡警，起义大事很快被暴露了。为了达到封杀起义的目的，

徐锡麟

金华知府嵩连将起义军首领徐顺达和倪金在闹市斩首，之后又逮捕了二十余人，对他们严刑拷打，想要逼供出起义的全部计划。7月4日，金华起义也宣告失败，金华光复军失去首领，受到了毁灭性的打击。

武义、金华起义失败后，使永康处于孤掌难鸣的境地。于是，光复军永康分统吕阿荣和副分统沈荣卿决定另行采取行动。吕阿荣牵挂妻儿老小，决定留在永康，沈荣卿则逃往台州。结果，吕阿荣被捕，在官府的逼供下被活活打死。最后，永康起义也失败了。此后的几天里，兰溪、汤溪、浦江等地的光复军，又因奸细蒋继云的破坏而受到严重摧残。

数日间，主要的分支和干部几乎全部遇难，这一意外情况让秋瑾重新考虑起义的时间问题。但是，光复军是在旧会党的基础上成立的，这支秘密队伍不可能像正规军那样获得正常补给，给养装备等必须自给自足，集结兵力也要避开清政府的耳目，因此，要在规定的时间和地点发动起义，本就是一件极其困难的事情。要是这时候突然提出变更计划，那已经按照规定日期集结队伍，做好人员、弹药、粮食等各项准备的起义军，必然会感到困惑和愤慨，这种情绪甚至会影响到部队的战斗意志。在那个没有电话的时代，联络工作本来就非常耗费时间、精力和资金，但是瞬息万变的形势使秋瑾不得不随机应变，她承受着常人无法想象的压力，最终决定将起义时间变更为7月19日。

清政府对绍兴大通学堂的活动本来就疑窦丛生，当嵊县、武义、金华、永康、兰溪、汤溪、浦江、安庆等地的事变接连发生后，大通学堂的处境岌岌可危。在聂李唐供出赵卓后，浙江巡抚张曾扬立即致电绍兴知府贵福，让他饬查大通学堂。就在这紧要关头，曾经在日本被秋瑾怒斥为"死人"的胡道南，从大通学堂私自出逃的学生徐兴凤那里，得悉秋瑾已定于7月19日起义的确切情况，并马上向贵福密报此事。当夜，贵福立即赶往省城，向张曾扬报告，请求迅速派兵赴绍。紧接着，徐锡麟的弟弟徐伟在江西九江被捕，他供出徐锡麟的妻子和秋瑾共同主持革命。安徽新任巡抚立即将这一情报电告给张曾扬。浙江各地连续发生的事件，胡道南的告密，安徽的来电，这一切都表明大通学堂及其主持人秋瑾，是浙江革命力量的中枢。于是张曾扬立即从杭州派兵前往绍兴，去逮捕秋瑾，镇压革命。

有关安庆起义的报道在7月8日传到了上海，秋瑾的好友、时任上海女子师范学校的王璧华，担心事件波及秋瑾，当即和朋友联系，为秋瑾安排了在上海"法租界"隐居的具体地方。王璧华派学生胡踵秋去绍兴，告诉秋瑾安庆起义的情况，并劝她来上海租界避难。7月10日，秋瑾从来自上海的报纸上得知安庆起义失败和徐锡麟惨遭杀害的消息。这对于她，对于光复军的全体人员，都是极其严重的打击。秋瑾悲愤至极，仿佛全身的血液都凝固了，她拿着报纸在室内哭泣，一整天不说一句话，不吃一口饭，也不下任何命令。恰巧这时，胡踵秋来到了绍兴，她力劝秋瑾暂时到上海避一避，但秋瑾决心以死来殉自己所从事的革命事业，她说："我怕死就不会出来革命了！我不入地狱，谁入地狱！"毅然决然地谢绝了朋友和同志的好意。就像"雨后送伞，夏后送扇"，因为消息走漏，起义错过了最佳时机。此时此刻，秋瑾已经意识到自己为之奋斗的革命事业暂时无法取得成功，她希望自己和那些被清政府残害致死的同志们一样，死在敌人的屠刀之下，以此唤醒更多的人去革命、去斗争。

秋瑾已悲壮地做出坚持到最后的决定，她把收藏在家里的秘密册籍和光复会的往来电函等物，托她执教浔溪女校时的学生吴珉带走烧毁。吴珉失去父母后，给人做了童养媳，是秋瑾将她赎回，一直带在身边。随即，她又给浔溪女校的另一位学生徐双蕴寄去一首《绝命词》："痛同胞之醉梦尤昏，悲祖国之陆沉谁挽？日暮穷途，徒下新亭之泪；残山剩水，谁招志士之魂？不需三尺孤坟，中国已无干净土；好持一杯鲁酒，他年共唱拜伦歌。虽死犹生，牺牲尽我责任；即此永别，风潮取彼头颅。壮志尤虚，雄心未满，中原回首肠堪断！"诗中充满了她对祖国和民族命运的深切关心，表达了她决心以死报国的赤诚，也流露出对自己革命之志未竟的惋惜。

7月11日，清政府从杭州派出新军三百多人，在第一标第一营管带徐方诏率领下，去绍兴逮捕秋瑾等人，并搜查大通学堂所藏的枪支弹药。清政府担心新军官兵中有人与革命党暗中相通，所以在临出发前对全体官兵进行搜身检查，以致引起骚扰动乱。这被附近武备学堂的学生听到，他们立即去绍兴给秋瑾送信。

7月12日，秋瑾接到这个消息，但她首先考虑到的不是自己的安危和脱身问题，而是立即采取保护革命力量的种种应变措施。秋瑾先让嵊县仙岩的学生鄢发等人将大通学堂内的洋枪、子弹先行藏匿，因为她觉得与其轻易地让清军得到这里的枪支弹药，不如尽可能地交给尚有战斗力的光复军，以备将来反抗清政府之用。接着，她命令学生们各自分散隐蔽。

7月13日下午4点左右，杭州派来的新军，在管带徐方诏、绍兴知府贵福、山阴知县李钟岳和会稽知县李端年等人的带领下，包围了大通学堂。有人最后一次劝秋瑾逃离，但她不答应，只是命令学生和办事人员赶紧离开。于是，有人从前门冲出，有人从后门逃走，最后只有大通教员程毅等几人，和秋瑾一同留在学堂内。由于枪支弹药已经隐藏，大通学堂内只有秋瑾一人随身带枪，但她既没打算逃走，也没准备使用武器。这时，不知谁开了一枪，清兵当即打倒几人，使几名学生受伤，一名死亡。最后，清军从大通学堂前门攻入，逮捕了秋瑾和程毅等六人，她的手枪和一些革命文告、诗词等手稿也被搜去。随后，秋瑾穿着白汗衫，双手反绑，被一个清兵推着往前走，前后都有几个清兵紧紧围着，生怕有人出来将秋瑾劫走。他们端着上了刺刀的枪，冲锋似的奔过锦鳞桥，向绍兴知府衙门奔去。

秋瑾被押到绍兴知府衙门后，当晚就被提审讯。知府贵福升堂后，喝令秋瑾招供革命党的名单、活动和其他相关情况。

秋瑾临危不惧，坚贞不屈，根本不把贵福的知府威风放在眼里。她镇定自若地告诉敌人："论说稿是我作的，日记、信笺也是我写的，革命党之事，不必多问！"当敌人追问赵卓、竺绍康、王金发等人身在何处时，秋瑾一概回答说："不知道。"为了迫使秋瑾屈服，贵福命人施加酷刑逼她招供，秋瑾咬牙闭目，忍受着痛彻骨髓的刑罚，大义凛然地说："我死都不怕，要杀就杀！"

贵福见硬逼不行，就改变手法，装出一副和气的样子问道："你果真认识徐锡麟吗？"秋瑾直言不讳，理直气壮地回答说："认识！"愚蠢的贵福以为打开了一个缺口，进一步追问："你的同党是谁？你还和哪些人有来往？"秋瑾突然面带微笑，抓住机会，转守为攻："贵福，大通学堂开学时，我邀你出席开学典礼，你当场给我写了一副'竞争世界，雄冠地球'的对联，我把它挂在学校的墙上，这件事大家都知道。你还在大通学堂和教员、学生一起合影呢，这些都是最好的证据，你就是我的朋友和同志。大通学堂开办以来，很多计划都是和你商量的，这些还要详细说吗？贵福同志！"这一回答让贵福大惊失色，恐惧万分，只好狼狈地宣布退堂，将秋瑾关入山阴县监狱。

在贵福看来，审讯秋瑾是一件非常头疼的事情。他害怕秋瑾当着所有人的面，再喊他"贵福同志"。为了免被怀疑，他不敢再去审讯秋瑾，于是命令山阴知县李钟岳先行审讯。7月14日上午，李钟岳在县衙的花厅里再次审讯了秋瑾。他在花厅右侧放了一张椅子，让秋瑾坐下，问道："你是不是革命党？"秋瑾回答："是的。"李钟岳又问："你参加革命党干什么？难道不知道这是犯法的事情吗？"由于李钟岳的态度比较和气，秋瑾也用和缓的语气回答说："我所主张的是男女革命，男女平权，我不知道这犯了什么法。"李钟岳见问不出什么名堂，又不愿意给秋瑾用刑，于是拿出纸、笔递给秋瑾，说："听说你很有文才，请把你知道的情况写出来。"秋瑾凝神良久，拿起毛笔，落笔写了个"秋"字，就停笔沉思起来。李钟岳催她快写。于是，秋瑾挥笔写下"秋雨秋风愁煞人"七个大字，作为自己交给清政府的唯一"笔供"，以此表达自己对革命失败的惋惜，对祖国前途命运的担忧，从此再也不肯写一个字了。

贵福见李钟岳不肯用刑，改派自己的幕僚余某，再对秋瑾严刑逼供。但秋瑾忍受着剧烈疼痛，始终不吐露任何革命机密，以一身凛然正气拒绝向敌人表示丝毫屈服。在用尽心机都不能使秋瑾屈服之后，贵福决定尽快杀害秋瑾，以免浙江各地光复军，特别是嵊县的竺绍康率领人马攻打绍兴、营救秋瑾。于是，他一面叫人编造《秋瑾口供》，向上司交差；一面致电张曾扬，请求马上处死秋瑾。张曾扬当即批准了这一请求。

7 月 15 日凌晨，天还未亮，有人急促地敲打山阴县监狱的大门。管牢的禁婆打开大门，看到无数火把把狱门照得通明，清军荷枪站成两队，准备押解秋瑾去刑场。知道自己就要赴难了，秋瑾要求与李钟岳见面，并向他提出三个要求：第一，准许她写信向家属告别；第二，临刑时不脱衣带；第三，死后不枭首示众。李钟岳答应了后两个要求，第一个因时间限制并未答应。秋瑾又请求说："我被捕后，室内所藏的三百元银元和一千元角子，都被兵差搜去，请你务必把它追回，替我送入平粜局，算是我对黎民百姓最后的一点贡献了。"李钟岳不由得对眼前这位女革命家心生敬意，感动地答应了她最后的要求。于是，秋瑾从容地跨出牢房，清兵给她戴上粗重的铁镣，把她的双手反绑在背后，一行人向古轩亭口走去。

秋瑾带伤的脚踝拖曳着沉重的铁镣，铁镣尖锐的棱角刺进肉里，使她不禁发出痛苦的呻吟。面对蹒跚前行的秋瑾，周围的清兵试图去推拉她，被秋瑾厉声喝道："我自己能走，你们推推拉拉的干什么！"在她的凛然正气下，清兵只得缩手，围在她前后簇拥着前进。黑暗的道路被火把照得雪亮，秋瑾拖曳着铁镣发出"当啷当啷"的响声，每走一步，都疼痛难忍。秋瑾咬紧牙关，坚定地一步步向前走去。搭建在道路两旁的房屋，屋顶的瓦盖似乎就要崩滑下来，斑驳的墙壁破烂不堪，这些陋屋简巷作为历史的证人，望着逐渐远去的背影，会发出怎样的慨叹呢？

离刑场越来越近了，秋瑾凝视着火把，镇静坦然，没有丝毫恐惧。此时，刑场周围聚集了大量群众，他们吵嚷成一片，来看"革命党女首领被杀头"。即使到了现在，贵福仍然害怕秋瑾再次当众称他为"同志"，因此就像自己要被斩首似的浑身颤抖。时辰到了，秋瑾被押在行刑台上，她凝视着拥挤嘈杂的人群，片刻之后，露出了满足的表情，静静地闭上双眼，垂下头用低沉的声音叫道："可以了。"这一刻，一生的历程像电影镜头一样在她脑中飞速闪过，她看到了自己的亲友，看到了自己的事业，也看到千千万万个秋瑾在黎明前的黑暗中奔走呼号，为推翻清朝的腐朽统治做着不懈的斗争。这位为民族解放和妇女解放斗争英勇奋斗的民主革命女英雄，就这样结束了自己短暂而光辉的一生。

秋瑾就义之后，清政府抓紧在各地侦缉逃亡在外的革命党人，并在浙江各地屠杀革命党人。秋瑾辛苦经营了半年的光复军起义，随着她的殉难，在尚未正式发动时，就被残酷地镇压了。这一年，她才三十岁。

十、巾帼英雄，坟墓几迁

    确认秋瑾已经死亡，再也不能开口说话后，贵福终于松了一口气，想到自己因此破了一件大案子，他禁不住喜上眉梢。而这时的李钟岳，却一副心事重重的样子，他摇了摇头，带着随从在天色微明中返回了衙门。

    待这些官员离开后，大通学堂的教师许啸天暗中贿赂刽子手，买回了秋瑾的尸体。他雇了一辆乌篷船，在清晨的薄雾中，驶向和徐自华约好的地方。7月15日上午，他们将秋瑾埋葬在绍兴府卧龙山西北麓"张神殿"背后，也就是现在的绍兴市越城区府山公园西侧。三个月后，徐自华等又将秋瑾的遗骨改迁到常禧门外严家潭，也就是现在的绍兴市鉴湖区亭山乡暂时安葬。

    1908年2月，徐自华在吴芝瑛等人的帮助下，将秋瑾的灵柩移至杭州，安葬在西湖边上的西泠桥下，与岳飞、于谦、张煌言的庙祠、坟墓交相辉映，实现了她生前埋骨西湖的愿望。但是，清政府仍然盯住秋瑾不放，埋葬地点被浙江巡抚院御史常徽等人告发，1908 年 12 月，吴芝瑛等人又悄悄地将坟迁回严家潭，这是第四次迁坟。吴芝瑛在几次迁坟的过程中起了很大的作用，因此被清政府逮捕，在上海监狱关押了一年多。

不久，严家潭的秋瑾墓地又被清镇府发现了。于是，徐自华等人将秋瑾墓迁到湖南湘潭昭山附近王家的墓地，与王子芳合葬。

1912 年夏，第六次迁坟，这次葬在长沙岳麓山。此时，辛亥革命已于 1911 年 10 月取得成功，清政府再也不可能阻挠秋瑾的安葬。1913 年秋，民国政府将"秋瑾烈士墓"迁到西湖西泠桥西，现在的杭州饭店南侧，这是第七次迁坟。

1965 年，秋瑾墓又被迁到杭州鸡笼山麓，这是第八次迁坟。第九次迁坟是在 1981 年 9 月，迁到现在的地址，即杭州西湖孤山西南麓西泠桥东。在徐自华和吴芝瑛等人奋不顾身的努力下，历经 74 年的岁月，经过长期的颠沛流离，终于实现了她们和秋瑾的"埋骨西泠之约"。

清政府在杀害了秋瑾之后，还在浙江各地大肆屠杀革命党人，妄图用革命者的鲜血恐吓人民，延长自己的反动统治，结果却加速了自己的孤立和灭亡。当时整个社会的舆论，都强烈谴责清政府杀害秋瑾的暴虐行为。

绍兴的老百姓议论纷纷，有的说秋瑾没有口供，按律例不应该杀没有口供的人；有的说古轩亭口是杀强盗的地方，秋瑾不是强盗，不应该到那里去杀；据说，还有一些平时思想守旧、并不同情革命的人，对秋瑾被害颇为愤慨。据说，行刑的当天，有许多人流眼泪，沿街的商店大都关门歇业。

秋瑾被杀的消息传到杭州后，原先不知道秋瑾的人因此知道了秋瑾，不懂得革命的人也因此受到了革命的教育。《杭州白话报》还登载了一幅插画，画面是波涛滚滚的浪潮，当中有一只鼓足了风帆的航船，上头题诗两句："秋雨秋风天欲黑，张帆暗送浙江潮。"这个"张帆"，就是下令逮捕秋瑾的浙江巡抚张曾扬，因为他别号筱帆。

上海的各种报纸也纷纷谴责清政府。有的说清政府把秋瑾定为叛逆，那秋瑾获罪的口供在哪里，证据又在哪里？有的辛辣地讥讽清朝新军以三百多人，在半天之内，封闭了一所学校，枪毙、拘获一二十个学生，又捕获一名女教师，天朝的所谓"兵威"真是盛大。

秋瑾的英勇牺牲，在广东和港澳的妇女界也产生了很大反响。在秋瑾事迹的感召下，一些有觉悟的妇女纷纷投身到辛亥革命的行列中去。

日本和欧洲的一些中国留学生团体，也纷纷谴责和抗议清政府杀害秋瑾的暴行。留日学生还召开了追悼会，章太炎等人在会上宣读了祭文。

而贵福和张曾扬这两个杀害秋瑾的直接谋主，以及派遣军队去绍兴逮捕秋瑾的驻杭新军第一标标统李益智，都受到浙江人民的痛恨，无法再在浙江待下去了。1907年冬，张曾扬请求

章太炎

调任。结果，他调到江苏，江苏人民不搭理他；调到山西，山西人民也不接受他。贵福也援例求调，到安徽宁国之后，被宁国的人排斥，最后不知所终。李钟岳在秋瑾牺牲不久后，被清政府罢官，软禁在浙江巡抚衙门。他闭门谢客，终日凝视着从秋瑾案卷中私下带出来的"秋雨秋风愁煞人"的绝命词，数日后上吊自杀了。

这时，向告密者复仇的行动也开始了。秋瑾牺牲后，大通学堂被关闭，光复会的首脑纷纷转入地下开展活动。陶成章把告密的绍兴府学务官胡道南作为复仇目标，命令秋瑾的密友王金发执行暗杀任务。但事件刚刚发生时官府戒备森严，一时无法行动。直到三年后胡道南调任，才让王金发找到机会将其刺杀。此后，李益智也被烧死在广东大沙头的花艇中。

此外，浙江各地的光复军余部，不约而同地纷纷举事为秋瑾复仇。从1907年7月下旬到1908年春夏之间，在绍兴与萧山之间的钱清，在嵊县的白竹林，在处州府缙云县，在东阳县南马和马陵山等地，都发生过光复军和会党的武装起义事件。浙西杭、嘉、湖三府，皖南的一些地方，也燃起了反清起义的烈火。在日本的同盟会总部，也派人回国到上海策动起义。而在上海的浙江革命党人，还集会制定了武装起义的计划，却因叛徒出卖，未能实施。

1911年10月10日，武装反抗清政府统治的武昌起义爆发，武汉三镇率先成立"湖北军政府"，由黎元洪出任都督。之后，全国各地纷纷宣布"光复"。11 月上旬，浙江革命党人起义，迅速推翻杭州的清政府，光复全省，而其中大部分革命党人都是秋瑾生前的同志和受过她影响的人，有的还是她亲自发展加入革命党的。

秋瑾一生致力于震醒社会，唤起民众，虽然她作为革命的急先锋已英勇牺牲，但她为民主革命和妇女解放作出了重大的贡献，直到今天，仍然值得我们尊敬。她牺牲之后，中国人民一直用各种方式纪念这位伟大的女英雄。

1908 年，徐自华等人把秋瑾遗骨迁葬在西湖之畔时，曾邀集秋瑾生前的同志、好友等几十个人，在西湖凤林寺成立"秋社"，由徐自华任社长，决定每年农历六月初六秋瑾殉难之日举行纪念活动。辛亥革命后，湘军将领刘典的公祠被拨归秋社，徐自华、陈去病等捐款四千元加以修葺，改作"鉴湖女侠祠"，作为每年秋瑾忌辰举行纪念活动的场所。

1912 年 1 月 1 日，孙中山在南京宣布成立中华民国，并就任临时大总统。徐自华致电孙中山，一方面祝贺革命成功，一方面叙述秋瑾为革命所做的种种努力，并提出将秋瑾墓修建在西湖湖畔的请求。为了迫使溥仪退位，孙中山于同年 3 月 10 日，将临时大总统的职位让给北洋军阀袁世凯。同年 12 月 8 日，应浙江都督朱端和秋社社长徐自华的邀请，孙中山经上海来杭州视察，徐自华的妹妹徐双蕴和吴芝瑛从上海陪同前往。

下午四点，欢迎仪式在杭州马坡巷法政学堂举行，孙中山发表演说："杭州历来是出革命志士的地方，由于有他们的同心协力，革命目标终于得以实现。去年在进攻南京的战役中，浙江的革命者出了很多力，起了很大的作用，但非常让人痛心的是，我们没能够看到其中最优秀的人士秋瑾的身影。今天，我们来到这里的目的，不用说，肯定不是欣赏西湖美景的，而是怀着崇敬的心情来祭拜女侠，凭吊女英雄的。"孙中山赞扬浙江革命军为"光复"做出了贡献，同时，也赞扬秋瑾出色地把各地会党组织在一起，在她的领导下，光复军发动了推翻清政府的起义。他称赞秋瑾是"最好的同志"。第二天，孙中山到秋瑾墓前祭拜，并承诺担任秋社的名誉社长。同时，他还亲笔撰写挽联："江户矢丹忱感君首赞同盟会，轩亭洒碧血愧我今招女侠魂。"并题赠"巾帼英雄"的匾额。

在秋瑾的故乡绍兴，1903 年由王子余等人主持，在秋瑾殉难的古轩亭口，竖立了一块"秋瑾烈士纪念碑"。当时还在卧龙山上，建立了一座"风雨亭"。

在秋瑾生活过多年的湖南，人们也用各种方式表达对秋瑾的崇敬之情。1912 年，湖南妇女界及同盟会的一些成员，将湘军将领陈湜的祠堂，改为"秋女烈士祠"，推举王时泽经办各项具体事务。王时泽还把秋瑾牺牲后陶成章转交给他保存的秋瑾诗文编辑成册，题名《秋女烈士遗稿》，以"长沙秋瑾烈士纪念委员会"的名义出版。

除此之外，徐自华、王金发等人，还于 1912 年在上海凤阳路办了"竞雄女学",以此纪念秋瑾。

新中国成立后,中国人民继续以各种形式纪念秋瑾。1957年,在纪念秋瑾殉难五十周年时,把秋瑾故居和畅堂正式辟为秋瑾纪念馆,陈列她生前使用过的一些物品、手稿和其他文物。杭州市人民政府还重建了在1927年坍毁的风雨亭。1981年9月,又在秋瑾墓旁竖立了秋瑾的全身雕塑像。浙江省博物馆也于1984年在馆内辟秋瑾纪念室,陈列文物,表彰秋瑾爱国、革命的事迹。

秋瑾的诗、词、书信以及她的各种资料,被各大出版社结集出版。学界也有各类秋瑾的传记、年谱问世,还发表了不少研究秋瑾的论文。秋瑾的事迹还被改编成戏剧、电影,以各种方式发挥着影响。

秋瑾为民族解放和妇女解放事业付出了自己的生命,她是旧民主主义革命时期中国革命妇女的楷模。现在,她静静地立在西湖之畔,永远安息在她所敬仰的岳飞身边,但她的人格精神,将永远留在中国人民的心中。

孙中山

延伸阅读

记秋女侠遗事

呜呼！天地果无知乎？天地有知，则女士不应以非罪死，死尚蒙此大恶；若果无知，则短长善恶，糁为一尘，吾又谁诉此烦冤？今距女士之死已旬日矣，余既为之传，又纪其遗事曰：女士自号鉴湖女侠，生平豪纵尚气，有口辨，每稠坐论议风发，不可一世。在京师时，摄有舞剑小影，又喜作《宝刀歌》《剑歌》等篇，一时和者甚众。女士原作绝佳，有上下千古、慷慨悲歌之致，惜随手散佚，不得见矣。女士平生持论，谓"女子当有学问，求自立，不当事事仰给男子。今新少年动曰'革命，革命'，吾谓革命当自家庭始，所谓男女平权是也。"余时时戒之，谓："妹言骇人听闻，宜慎之。"女士曰："姊勿怪，吾所持宗旨如此。异日女学大兴，必能达吾目的，其在数十年后乎。然不有倡之，谁与赓续也？"

女士东游时，值宁河某君，以戊戌事自首，系刑部狱。女士方脱簪珥谋学费，窘迫万状，不得遽行，闻宁河事，乃分其金以应急，展转达狱中，属勿告姓名。宁河某会赦出狱始知之，时女士已东去。宁河寓书谢之，事后与人语，辄为涕零；然女士与宁河初不相识也。某女士赠诗有曰；"隐娘侠气原仙客，良玉英风岂女儿？"二语能仿佛其平生。

后女士自东归，过沪上，述其留学艰苦状。既出其新得倭刀相示曰："吾以弱女子，只身走万里求学，往返者数，搭船只三等舱，与苦力等杂处，长途触暑，一病几不起。所赖以自卫者，惟此刀耳，故与吾形影不相离。"余戏曰："当此黑暗时代，留学风潮且大起，勃发不可遏，倘遇关吏诘问，得毋疑妹为女革命党乎？"女士笑曰："革命党与革命不同；姊固知吾非新少年之革命者。"既而行酒。酒罢，女士拔刀起舞，唱日本歌数章，命吾女以风琴和之，歌声悲壮动人。旋别去，不复见。曾几何时？而昔日戏言，不知其遂成谶语也，悲夫！今女士死矣，呼天天不闻，呼地地不应，我又何必再讼其冤？然罪人不孥，古有明训。我与女士有一日之雅，又能道其平生，愿以身家性命保秋氏家族，望当道负立宪之责任者，开一面之网，饬属保全无辜，勿再罗织成此莫须有之狱，诬以种种之罪状，使死者魂魄为之不安。此余既为之传而又纪其遗事之微意也。

吴芝瑛

中国女报发刊词

世间有最凄惨、最危险之二字曰：黑暗。黑暗则无是非，无闻见，无一切人间世应有之思想、行为，等等。黑暗界凄惨之状态，盖有万千不可思议之危险。危险而不知其危险，是乃大黑暗。黑暗也，危险也，处身其间者，亦思所以自救以救人欤？然而沉沉黑狱，万象不有；虽有慧者，莫措其手。吾若置身危险生涯，施大法力；吾毋宁脱身黑暗世界，放大光明。一盏神灯，导无量众生，尽登彼岸，不亦大慈悲耶？

夫含生负气，孰不乐生而恶死，趋吉而避凶？而所以陷危险而不顾者，非不顾也，不之知也。苟醒其沉醉，使惊心万状之危险，则人自为计，宁不胜于我为人计耶？否则虽洒遍万斛杨枝水，吾知其不能尽度人世也。然则曷一念我中国之黑暗何如？我中国前途之危险何如？我中国女界之黑暗更何如？我女界前途之危险更何如？予念及此，予悄然悲，予怃然起，予乃奔走呼号于我同胞诸姊妹，于是有《中国女报》之设。

夫今日女界之现象，固于四千年来黑暗世界中稍稍放一线光明矣。然而茫茫长路，行将何之？吾闻之：其作始也简，其将毕也巨。苟不确定方针，则毫厘之差，谬以千里，殷鉴不远，观数十年来我中国学生界之现状可以知矣。当学堂不作，科举盛行时代，其有毅然舍高头讲章，稍稍习外国语言文字者，讵不曰"新少年，新少年"？然而大道不明，真理未出，求学者类皆无宗旨，无意识。其效果乃以多数聪颖子弟，养成翻译买办之材料，不亦大可痛哉！十年来此风稍息，此论亦渐不闻，然而吾又见多数学生，以东瀛为终南捷径，以学堂为改良之科举矣。今且考试留学生，"某科举人""某科举进士"之名称，又喧腾于耳矣。自兹以后，行见东瀛留学界蒸蒸日盛矣！

呜呼，此等现象进步欤？退步欤？吾不敢知。要之，此等魔力必不能混入我女子世界中。我女界前途，必不经此二阶级，是吾所敢决者。然而听晨钟之初动，宿醉未醒；睹东方之乍明，睡觉不远。人心薄弱，不克自立，扶得东来西又倒，于我女界尤为甚。苟无以鞭策之，纠绳之，吾恐无方针之行驶，将旋于巨浪盘涡中以沉溺也。然则具左右舆论之势力，担监督国民之责任者，非报纸而何？吾今欲结二万万大团体于一致，通全国女界声息于朝夕，为女界之总机关，使我女子生机活泼，精神奋飞，绝尘而奔，以速进于大光明世界。为醒狮之前驱，为文明之先导，为迷津筏，为暗室灯，使我中国女界中放一大光明灿烂之异彩，使全球人种，惊心夺目，拍手而欢呼。无量愿力，请以此报创！吾愿与同胞共勉之！

秋瑾

敬告姊妹们

我的最亲最爱的诸位姊姊妹妹呀！我虽是个没有大学问的人，却是个最热心、最爱国爱同胞的人。如今中国不是说有四万万同胞吗？但是那二万万男子，已渐渐进了文明新世界了，智识也长了，见闻也广了，学问也高了，身名是一日一日的进步了。这都亏了从前书报的功效嘘！今日到了这地步，你说可美不可美呢？所以人说书报是最容易开通人的智识的呢。

唉，二万万的男子，是入了文明新世界；我的二万万女同胞，还依然黑暗沉沦在十八层地狱，一层也不想爬上来。足儿缠得小小的，头儿梳得光光的，花儿、朵儿，扎的、镶的，戴着；绸儿、缎儿，滚的、盘的，穿着；粉儿白白、脂儿红红的搽抹着，一生只晓得依傍男子，穿的吃的全靠着男子。身儿是柔柔顺顺的媚着，气虐儿是闷闷的受着，泪珠是常常的滴着，生活是巴巴结结的做着，一世的囚徒，半生的牛马！试问诸位姊妹，为人一世，曾受着些自由自在的幸福未曾呢？还有那安富尊荣、家资广有的女同胞，一呼百诺，奴仆成群，一出门真个是前呼后拥，荣耀得了不得，在家时颐指气使，阔绰得了不得，自己以为我的命好，前生修到，竟靠着好丈夫，有此尊享的日子。外人也就啧啧称美：某太太好命，某太太好福气、好荣耀、好尊贵的赞美，却不晓得他在家里，何尝不是受气受苦的？这些花儿朵儿，好比玉的锁，金的枷；那些绸缎，好比锦的绳，绣的带，将你束缚得紧紧的；那些奴仆，直是牢头禁子，看守着；那丈夫不必说，就是问官狱吏了，凡百命令，皆要听他一人喜怒了。试问这些富贵的太太奶奶们，虽然安享，也有没有一毫自主的权柄咧！总是男子占了主人的地位，女子处了奴隶的地位，为着要倚靠别人，自己没有一毫独立的性质，这个幽禁闺中的囚犯，也就自己都不觉得苦了。

啊呀，诸位姊妹！天下这奴隶的名儿，是全球万国没有一个人肯受的，为什么我姊妹却受得恬不为辱呢？诸位姊妹必说，我们女子不能自己挣钱，又没有本事，一生荣辱，皆要靠之夫子，任受诸般苦恼，也就无可奈何！安之曰"命也"这句没志气的话了。

唉，但凡一个人，只怕自己没有志气。如有志气，何尝不可求一个自立的基础、自活的艺业呢？如今女学堂也多了，女工艺也兴了，但学得科学工艺，做教习，开工厂，何尝不可自己养活自己吗？也不致坐食累及父兄夫子了。一来呢，可使家业兴隆，二来呢，可使男子敬重，洗了无用的名，收了自由的福。归来得家族的欢迎，在外有朋友的教益，夫妻携手同游，姊妹联袂而语，反目口角的事都没有的。如再志趣高的，思想好的，或受高等的名誉，或为伟大的功业，中外称扬，通国敬慕，这样美丽文明的世界，你说好不好？

难道我诸姊妹真个安于牛马奴隶的生涯，不思自拔么？无非僻处深闺，不能知道外事，又没有书报，足以开化智识思想的。就是有个《女学报》，只出了三四期就因事停止了。如今虽然有个《女子世界》，然而文法又太深了。我姊妹不懂文字的又十居八九，若是粗浅的报，尚可同白话的念念，若太深了，简直不能明白呢。所以我想这个《中国女报》，就是有鉴于此，内中文字都是文俗并用的，以便姊妹的浏览，却也就算为同胞的一片苦心了。

惟是凡办一个报，如经费多了，自然是好办了。如没有钱，未免就有种种为难。所以前头想在上海集个万金股本，二十元做一股，租座房子，置个机器，印报编书，请撰述编辑执事各员，像像样样，长长久久的办一办，也不枉是个《中国女报》，为二万万女同胞生一生色，也算我们不落在人后，自己也能立个基础，后来诸事要便利得多呢。

就将章程登了《中外日报》，并将另印的章程，分送各女学堂，想诸位姊妹必已有看过的了。然而日子是过得不少了，入股的除四五人以外，连问都没人问起，我们女界的情形，也就可想而知了。我说到这里，泪也来了，心也痛了，笔也写不下去了。但这《中国女报》就是这样不办吗？这个办报的心，就这样的冷了吗？却又不忍使我最亲最爱的姊妹们长埋在这样地狱中，只得勉强凑点经费，和血和泪的做点报出来，供诸姊妹们的赏阅。今日虽然出了首册，下期再勉力的做去，但是经费很为难呢。天下凡百事体，独力难成，众擎易举。如有热心的姊妹肯来协助，则《中国女报》幸甚，中国女界亦幸甚！

秋瑾

138

秋瑾诗词歌选

吊屈原

楚怀本孱王，乃同聋与瞽。

谤多言难伸，虫生木自腐。

臣心一如豸，市语三成虎。

君何喜谄佞？忠直反遭忤。

伤哉九畹兰！下与群草伍。

临风自芳媚，又被薰莸妒。

太息屈子原，胡不生于鲁？

偶有所感用鱼玄机步光威裒三女子韵

妆台喜见仙才两，客路飘蓬月又三。

明镜萧疏青翼鬓，闲窗宽褪碧罗衫。

十联佳句抚膺折，一卷新诗信手衔。

道韫清芬怜作女，木兰豪侠未终男。

高吟《白雪》谁能继？欲步《阳春》我自惭。

小院伫闻莺睍睆，旧巢留待燕呢喃。

爱翻声谱常抛绣，为买图书每脱簪。

身后微名豹雾隐，眼前事业蜮沙含。

交游薄俗情都倦，世路辛酸味久谙。

绿蚁拼将花下醉，《黄庭》闲向静中参。

不逢同调嗟何益？得遇知音死亦甘。

怅望故乡隔烟水，红牙休唱《忆江南》

剑歌

若耶之水赤堇铁，铸出霜锋凛冰雪。

欧冶炉中造化工，应与世间凡剑别。

夜夜灵光射牛斗，英风豪气动诸侯。

也曾渴饮楼兰血，几度功铭上将楼？

何期一旦落君手？右手把剑左把酒。

酒酣耳热起舞时，天矫如见龙蛇走。

肯因乞米向胡奴？谁识英雄困道途？

名刺怀中半磨灭，长歌居处食无鱼。

热肠古道宜多毁，英雄末路徒尔尔。

走遍天涯知者稀，手持长剑为知己。

归来寂寞闭重轩，灯下摩挲认血痕。

君不见孟尝门下三千客？弹铗由来解报恩！

宝剑歌

炎帝世系伤中绝，茫茫国恨何时雪？

世无平权只强权，话到兴亡眦欲裂。

千金市得宝剑来，公理不持持赤铁。

死生一事付鸿毛，人生到此方英杰。

饥时欲啖仇人头，渴时欲饮匈奴血。

侠骨崚嶒傲九州，不信大刚刚则折。

血染斑斑已化碧，汉王诛暴由三尺。

五胡乱晋南北分，衣冠文弱难辞责。

君不见剑气棱棱贯牛斗？胸中了了旧恩仇。

锋芒未露已惊世，养晦京华几度秋。

一匣深藏不露锋，知音落落世难逢。

空山一夜惊风雨，跃跃沉吟欲化龙。

宝光闪闪惊四座，九天白日暗无色。

按剑相顾读史书，书中误国多奸贼。

中原忽化牧羊场，咄咄腥风吹禹域。

除却干将与莫邪，世界伊谁开暗黑？

斩尽妖魔百鬼藏，澄清天下本天职。

他年成败利钝不计较，但持铁血主义报祖国。

宝刀歌

汉家宫阙斜阳里，五千余年古国死。

一睡沉沉数百年，大家不识做奴耻。

忆昔我祖名轩辕，发祥根据在昆仑。

辟地黄河及长江，大刀霍霍定中原。

痛哭梅山可奈何？帝城荆棘埋铜驼。

几番回首京华望，亡国悲歌泪涕多。

北上联军八国众，把我江山又赠送。

白鬼西来作警钟，汉人惊破奴才梦。

主人赠我金错刀，我今得此心雄豪。

赤铁主义当今日，百万头颅等一毛。

沐日浴月百宝光，轻生七尺何昂藏？

誓将死里求生路，世界和平赖武装。

不观荆轲作秦客，图穷匕首见盈尺。

殿前一击虽不中，已夺专制魔王魄。

我欲只手援祖国，奴种流传遍禹域。

心死人人奈尔何？援笔作此《宝刀歌》。

宝刀之歌壮肝胆，死国灵魂唤起多。

宝刀侠骨孰与俦？平生了了旧恩仇。

莫嫌尺铁非英物，救国奇功赖尔收。

愿从兹以天地为炉、阴阳为炭兮，铁聚六洲。

　　铸造出千柄万柄宝刀兮，澄清神州。

　　上继我祖黄帝赫赫之威名兮，

　　一洗数千数百年国史之奇羞！

水仙花

洛浦凌波女，临风倦眼开。

瓣疑呈玉盏，根是谪瑶台。

嫩白应欺雪，清香不让梅。

余生有花癖，对此日徘徊。

咏琴志感

泠泠七弦琴，所思在翠岑。

成连奋逸响，中散叹销沉。

世俗惟趋利，人谁是赏音。

若无子期耳，总负伯牙心。

寄家书

惆怅慈闱隔，于今三月余。

发容应是旧，眠食近何如？

恨别长抚线，怀愁但寄书。

秋来宜善保，珍摄晚凉初。

月

一轮蟾魄净娟娟，万里长空现晶奁。

照地疑霜珠结露，浸楼似水玉含烟。

有人饮酒迎杯问，何处吹箫倚槛传？

二十四桥帘尽卷，清宵好影正团圆。

旧游重过有不胜今昔之感

旧时景物旧时楼，今日重来宿雨收。

小庭花草犹如是，故国亲朋好在不？

南地音书频阻隔，东方烽火几时休？

不堪登望苍茫里，一度凭栏一度愁！

寄柬珵妹

锦鳞杳杳雁沉沉，无限愁怀独拥衾。

闺内惟余灯作伴，栏前幸有月知心。

数声落叶鸣空砌，一点无聊托素琴。

输与花枝称姊妹，不堪遥听暮江砧。

清明怀友

节届清明有所思，东风容易踏青时。

看完桃李春俱艳，吟到荼蘼兴未辞。

诗酒襟怀憎我独，牢骚情绪似君痴。

年年乏伴徒呼负，几度临风忆季芝？

独对次清明韵

独对春光抱闷思，夕阳芳草断肠时。

愁城十丈坚难破，清酒三杯醉不辞。

喜散奁资夸任侠，好吟词赋作书痴。

浊流纵处身原洁，合把前生拟水芝。

144

秋日独坐

小坐临窗把卷哦，湘帘不卷静垂波。

室因地僻知音少，人到无聊感慨多。

半壁绿苔蛩语响，一庭黄叶雨声和。

剧怜北地秋风早，已觉凉侵翠袖罗。

赠盟姊吴芝瑛

曾因同调访天涯，知己相逢乐自偕。

不结死生盟总泛，和吹埙箎韵应佳。

芝兰气味心心印，金石襟怀默默谐。

文字之交管鲍谊，愿今相爱莫相乖。

申江题壁

一轮航海又南归，小住吴淞愿竟违。

马足车尘知己少，繁弦急管正声希；

几曾涕泪伤时局？但逐豪华斗舞衣；

满眼俗氛忧未已，江河日下世情非。

秋海棠

栽植恩深雨露同，一丛浅淡一丛浓。

平生不藉春光力，几度开来斗晚风？

读书口号

东风吹绿上阶除，花院萧疏夜月虚。

侬亦痴心成脉望，画楼长蠹等身书。

去常德舟中感赋

一出江城百感生，论交谁可并汪伦？

多情不若堤边柳，犹是依依远送人！

菊

铁骨霜姿有傲衷，不逢彭泽志徒雄。

夭桃枉自多含妒，争奈黄花耐晚风？

梅

本是瑶台第一枝，谪来尘世具芳姿。

如何不遇林和靖？飘泊天涯更水涯。

喜雨漫赋

渊龙酣睡谁驱起？飞向青天作怒波。

四野农民皆额首，名亭直欲继东坡。

杞人忧

幽燕烽火几时收，闻道中洋战未休。

漆室空怀忧国恨，难将巾帼易兜鍪。

赤壁怀古

潼潼水势向江东，此地曾闻用火攻。

怪道侬来凭吊日，岸花焦灼尚余红。

黄金台怀古

蓟州城筑燕王台，招士以财亦可哀！

多少贤才成底事？黄金便可广招徕。

泛东海歌

登天骑白龙，走山跨猛虎。

叱咤风云生，精神四飞舞。

大人处世当与神物游，顾彼豚犬诸儿安足伍！

不见项羽酣呼钜鹿战，刘秀雷震昆阳鼓，

年约二十余，而能兴汉楚；

杀人莫敢当，万世钦英武。

愧我年廿七，于世尚无补。

空负时局忧，无策驱胡虏。

所幸在风尘，志气终不腐。

每闻鼓鼙声，心思辄震怒。

其奈势力孤，群才不为助？

因之泛东海，冀得壮士辅。

147

红毛刀歌

一泓秋水净纤毫，远看不知光如刀。

直骇玉龙蟠匣内，待乘雷雨腾云霄。

传闻利器来红毛，大食日本羞同曹。

濡血便令骨节解，断头不俟锋刃交。

抽刀出鞘天为摇，日月星辰芒骤韬。

斫地一声海水立，露锋三寸阴风号。

陆劙犀象水截蛟，魍魉惊避魑魅逃。

遭斯刃者凡几辈？髑髅成群血涌涛。

刀头百万冤魂泣，腕底乾坤杀劫操。

褐来挂壁暂不用，夜夜鸣啸声疑鸮？

英灵渴欲饮战血，也如块磊需酒浇。

红毛红毛尔休骄，尔器诚利吾宁抛。

自强在人不在器，区区一刀焉足豪？

吊吴烈士樾

昆仑一脉传骄子，二百余年汉声死。

低头异族胡衣冠，腥膻污人祖宗耻。

忽地西来送警钟，汉人聚哭昆仑东。

方知今日豚尾子，不是当年大汉风。

裂眦啮指争传檄，大叫同胞声激烈。

积耻从头速洗清，毋令黄胄终沦灭。

148

大江南北群相和，英雄争挽鲁阳戈。
卢梭文笔波兰血，拼把头颅换凯歌。
年年岁月驹驰隙，有汉光复总无策。
志士奋呼东海东，胡儿虎踞北京北。
名曰同胞意未同，徒劳流血叹无功。
提防家贼计何酷？愤起英雄出皖中。
皖中志士名吴樾，百炼刚肠如火热。
报仇直以酬祖宗，杀贼计先除羽翼。
爆裂同拼歼贼臣，男儿爱国已忘身。
可怜懵懵天竟瞽，致使英雄志未伸。
电传噩耗风潮耸，同志相顾皆色动。
打破从前奴隶关，惊回大地繁华梦。
死殉同胞剩血痕，我今痛哭为招魂。
前仆后继人应在，如君不愧轩辕孙！

日人石井君索和即用原韵

漫云女子不英雄，万里乘风独向东。
诗思一帆海空阔，梦魂三岛月玲珑。
铜驼已陷悲回首，汗马终惭未有功。
如许伤心家国恨，那堪客里度春风？

有怀

日月无光天地昏，沉沉女界有谁援？

钗环典质浮沧海，骨肉分离出玉门。

放足湔除千载毒，热心唤起百花魂。

可怜一幅鲛绡帕，半是血痕半泪痕！

寄友书题后

分离未见日相思，何事鱼鳞雁羽迟？

慰我好凭三寸管，寄君惟有七言诗。

风霜异国身无恙，花月侨乡乐可知。

引领尺书从速降，还将时局诉毛锥。

感时二首

忍把光阴付逝波，这般身世奈愁何？

楚囚相对无聊极，樽酒悲歌泪涕多。

祖国河山频入梦，中原名士孰挥戈？

雄心壮志销难尽，惹得旁人笑热魔。

炼石无方乞女娲，白驹过隙感韶华。

瓜分惨祸依眉睫，呼告徒劳费齿牙。

祖国陆沉人有责，天涯飘泊我无家。

一腔热血愁回首，肠断难为五月花。

黄海舟中日人索句并见日俄战争地图

万里乘风去复来，只身东海挟春雷。

忍看图画移颜色？肯使江山付劫灰！

浊酒不销忧国泪，救时应仗出群才。

拼将十万头颅血，须把乾坤力挽回。

对酒

不惜千金买宝刀，貂裘换酒也堪豪。

一腔热血勤珍重，洒去犹能化碧涛。

寄徐寄尘

不唱阳关曲，非因有故人。

柳条重绻缱，莺语太叮咛。

惜别阶前雨，分携水上萍。

飘蓬经已惯，感慨本纷纭。

忧国心先碎，合群力未曾。

空劳怜彼女，无奈系其亲。

万里还甘赴，孑身更莫论。

头颅原大好，志愿贵纵横。

权失当思复，时危敢顾身？

白狼须挂箭，青史不铭勋。

恩宗轻富贵，为国作牺牲。

只强同族势，岂是为浮名。

秋风曲

秋风起兮百草黄，秋风之性劲且刚，

能使群花皆缩首，助他秋菊傲秋霜。

秋菊枝枝本黄种，重楼叠瓣风云涌。

秋月如镜照江明，一派清波敢摇动？

昨夜风风雨雨秋，秋霜秋露尽含愁。

青青有叶畏摇落，胡鸟悲鸣绕树头。

自是秋来最萧瑟，汉塞唐关秋思发。

塞外秋高马正肥，将军怒索黄金甲。

金甲披来战胡狗，胡奴百万回头走。

将军大笑呼汉儿，痛饮黄龙自由酒。

自题小照男装

俨然在望此何人？侠骨前生悔寄身。

过世形骸原是幻，未来景界却疑真。

相逢恨晚情应集，仰屋嗟时气益振。

他日见余旧时友，为言今已扫浮尘。

病起谢徐寄尘小淑姊妹

朋友天涯胜兄弟，多君姊妹更深情。

知音契洽心先慰，身世飘零感又生。

劝药每劳亲执盏，加餐常代我调羹。

病中忘却身为客，相对芝兰味自清。

赠女弟子徐小淑和韵

素笺一幅忽相遗，字字簪花见俊姿。

丽句天生谢道韫，史才人目汉班姬。

愧无秦聂英雄骨，有负《阳春》绝妙辞。

我欲期君为女杰，莫抛心力苦吟诗。

感愤

莽莽神州叹陆沉，救时无计愧偷生。

抟沙有愿兴亡楚，博浪无椎击暴秦。

国破方知人种贱，义高不碍客囊贫。

经营恨未酬同志，把剑悲歌涕泪横。

柬志群三首

飘泊天涯无限感，有生如此复何欢？

伤心铁铸九州错，辣手棋争一着难。

大好江山供醉梦，催人岁月易温寒。

陆沉危局凭谁挽？莫向东风倚断栏。

危局如斯百感生，论交抚案泪纵横。

苍天有意磨英骨，青眼何人识使君？

叹息风云多变幻，存亡家国总关情。

英雄身世飘零惯，惆怅龙泉夜夜鸣。

河山触目尽生哀，太息神州几霸才！
牧马久惊侵禹域，蛰龙无术起风雷。
头颅肯使闲中老？祖国宁甘劫后灰？
无限伤心家国恨，长歌慷慨莫徘徊。

寄徐伯荪

十日九不出，无端一雨秋。
苍生纷痛哭，吾道例穷愁！

读徐寄尘小淑诗稿

新诗读竟齿犹芬，大小徐名久已闻。
今日骚坛逢劲敌，愿甘百拜作降军。

柬徐寄尘二首

祖国沦亡已若斯，家庭苦恋太情痴。
只愁转眼瓜分惨，百首空成花蕊词。
何人慷慨说同仇？谁识当年郭解流？
时局如斯危已甚，闺装愿尔换吴钩。

登吴山

老树扶疏夕照红，石台高耸近天风。
茫茫灏气连江海，一半青山是越中。

罗敷媚·春

寒梅报道春风至：莺啼翠帘，蝶飞锦檐，杨柳依依绿似烟。

桃花还同人面好：花映前川，人倚秋千，一曲清歌醉绮筵。

齐天乐·雪

朔风萧瑟侵帘户，谁唤玉龙起舞？万里云凝，千山雾合，做就一天愁绪。谢家娇女，正笑倚栏干，欲拈丽句。访戴舟回，襟怀多半为伊阻。

应被风姨相妒，任飘零梨花，摧残柳絮。玉宇琼楼，珠窗银瓦，疑在广寒仙府。清香暗度，知庭角梅开，寻时怕误。暖阁围炉，刚好持樽俎。

金缕曲·送季芝女兄赴粤

凄唱《阳关》叠，最伤心、渭城风雨，灞陵柳色。正喜闺中酬韵事，同凭栏干伫月；更订了、同心兰牒。笑倩踏青携手处，步苍苔赌印双弓迹。几时料，匆匆别？

罗襟泪渍凝红血，算者番、愁情恨绪，重重堆积。月满西楼谁伴我？只有箫声怨咽；恐梦里、山河犹隔。事到无聊频转念，悔当初何苦与君识：万种情，一枝笔！

满江红

中秋夕无月，屈指三年。今年喜见之，不可无词以记，赋成此解。

客里中秋，大好是、庭前月色。想此夕、平分秋景，桂香催发。斗酒休辞花下醉，双螯喜向樽前列。算蟾光、难得似今宵，清辉澈。

移篱菊，芬芳接。歌《水调》，唾壶缺。问楼头谁倚？玉箫吹彻。风味何人能领略？襟怀自许同园洁。把幽情、暗自向嫦娥，从容说。

贺新凉·戏贺佩妹合卺

吉日良时卜，镜台前、丽娥妆就，早辞金屋。恰是银河将七夕，一夜桥成乌鹊。引凤曲、双和玉竹，屈指倚栏翘望处，计官衙今日花生烛。遥把那，三多祝。

蓝桥玉杵缘圆足，人争道、郎才女貌，天生嘉淑。却扇筵开娇欲并，暗里偷回羞目。佐合卺、更饶芳卮，添个吟诗仙伴侣，谱新声因满芙蓉牍。初学画，双眉绿。

满江红

小住京华，早又是、中秋佳节。为篱下、黄花开遍，秋容如拭。四面歌残终破楚，八年风味徒思浙。苦将侬、强派作蛾眉，殊未屑！

身不得，男儿列，心却比，男儿烈。算平生肝胆，因人常热。

俗子胸襟谁识我？英雄末路当磨折。莽红尘、何处觅知音？青衫湿！

临江仙

陶荻子夫人邀集陶然亭话别。紫英盟姊作擘窠书一联以志别绪："驹隙光阴，聚无一载；风流云散，天各一方。"不禁黯然，于焉有感，时余游日留学，紫英又欲南归。

把酒论文欢正好，同心况有同情。《阳关》一曲暗飞声，离愁随马足，别恨绕江城。

铁画银钩两行字，岐言无限丁宁。相逢异日可能凭？河梁携手处，千里暮云横。

鹧鸪天

祖国沉沦感不禁，闲来海外觅知音。金瓯已缺总须补，为国牺牲敢惜身？

嗟险阻，叹飘零，关山万里作雄行。休言女子非英物，夜夜龙泉壁上鸣！

望海潮

送陈彦安、孙多琨二姊回国

惜别多思，伤时有泪，内讧外侮交讧。世局堪惊，前车可惧，同胞何事懵懵？感此独心忡。美中流先我，破浪乘风。半月比肩，一时分手叹匆匆。

从今劳燕西东，算此行归国，立起疲癃。智欲萌芽，权犹未复，期君立挽颓风，化痼学应隆。仗粲花莲舌，启聩振聋。唤起大千姊妹，一听五更钟！

满江红

肮脏尘寰，问几个、男儿英哲？算只有、蛾眉队里，时闻杰出。良玉勋名襟上泪，云英事业心头血。醉摩挲、长剑作龙吟，声悲咽。

自由香，常思爇；家国恨，何时雪？劝吾侪今日，各宜努力。振拔须思安种类，繁华莫但夸衣袂。算弓鞋、三寸太无为，宜改革。

如此江山

萧斋谢女吟《愁赋》，潇潇滴檐剩雨。知己难逢，年光似瞬，双鬓飘零如许。愁情怕诉，算日暮穷途，此身独苦。世界凄凉，可怜生个凄凉女。

曰："归也"、归何处？猛回头祖国，鼾眠如故。外侮侵陵，内容腐败，没个英雄作主。天乎太瞀！看如此江山，忍归胡虏？豆剖瓜分，都为吾故土。

读《警钟》感赋

此钟何为铸？铸以警睡狮。狮魂快归来，来兮来兮莫再迟！我为同胞贺，更为同胞宣祝词。祝此《警钟》命悠久，贺我同胞得护持。遂见高撞自由钟，树起独立旌，革除奴隶性，抖擞英雄姿。伟哉伟哉人与事，万口同声齐称《警钟》所恩施！

同胞苦

同胞苦，同胞之苦苦如苦黄连。压力千钧难自便，鬼泣神号实堪怜。吁嗟乎！地方虐政猛如虎，何日复见太平年？厘卡遍地如林立，巡丁司事亿万千。凶如豺狼毒如蛇，一见财物口流涎。我今必必必兴师，扫荡毒雾见青天。手提白刃觅民贼，舍身救民是圣贤。

同胞苦，同胞之苦苦如苦黄连。暴政四播逞奸蠹，民贼相继民呜咽。庚子创祸一二臣，今日同胞受熬煎。赔款四百五十兆，竭我膏脂以付钱。我今必必必兴师，扫荡毒雾见青天。手提白刃觅民贼，舍身救民是圣贤。

同胞苦，同胞之苦苦如苦黄连。鞭笞同胞同犬马，民贼自待若神仙。烟膏有捐酒有捐，房捐铺捐无不全。袜履之微皆取捐，一草一木不宽便。我今必必必兴师，扫荡毒雾见青天。手提白刃觅民贼，舍身救民是圣贤。

同胞苦，同胞之苦苦如苦黄连。苛敛一倍复数倍，托名赔款自私焉。吁嗟乎！天日惨淡冤气塞，此罪此恶难洗涮。愿我同胞振精神，匆匆匆匆再醉眠。我今必必必兴师，扫荡毒雾见青天。手提白刃觅民贼，舍身救民是圣贤。

勉女权歌

吾辈爱自由，勉励自由一杯酒。男女平权天赋就，岂甘居牛后？愿奋然自拔，一洗从前羞耻垢。若安作同俦，恢复江山劳素手。

旧习最堪羞，女子竟同牛马偶。曙光新放文明候，独立占头筹。愿奴隶根除，智识学问历练就。责任上肩头，国民女杰期无负。

秋瑾年谱

1875 年　出生

11 月，生于福建南部某地。祖父秋嘉禾是厦门、漳州一带的知县。

1884 年　9 岁

中法战争爆发。秋瑾对母亲说："红毛人这样厉害，这样下去，中国人要成为他们的奴隶了！"

秋家从福建回到原籍浙江绍兴。

秋瑾正式进入家塾学习。

1885 年　10 岁

父亲就任台湾抚院文案。

1888 年　13 岁

已经能够写诗，爱读杜甫、辛弃疾的诗集；爱读秦良玉、沈云英等女英雄的故事。

1890 年　15 岁

父亲调任湖南常德厘金局总办。

1891 年　16 岁

祖父秋嘉禾回到绍兴定居。

在外婆家向表兄弟单老四学习武术。

1892 年　17 岁

和哥哥、母亲前往湖南随父亲居住。

1895 年　20 岁

和湘潭王廷钧订婚。

祖父在绍兴病逝。

1896 年　21 岁

与湘潭王廷钧结婚。

1897 年　22 岁

生子沅德。

1901 年　26 岁

生女桂芬。

11 月，父亲去世。全家搬来湘潭居住，开设和济钱庄维持生计。

1902 年　27 岁

和济钱庄倒闭，秋家经济濒于破产。

在北京与桐城吴芝瑛订交，经常在吴家阅读新书报，结识同乡陶大钧的日本妻子荻子。

1903 年　28 岁

与吴芝瑛结成盟姊妹。

母亲和兄妹返回浙江绍兴原籍，秋瑾南下探望。

身穿男装到戏园看戏，遭到王廷钧的打骂。秋瑾以离家出走的方式进行反抗，后到吴芝瑛家、陶大钧家暂住。

1904 年　29 岁

变卖陪嫁首饰，筹备旅日的费用。后将大部分旅费用于营救主张维新的前礼部主事王照。

5 月，东渡至日本留学，与日本友人服部繁子同行。

进入日本东京中国留学生会馆日语补习所学习。

与留日女学生陈撷芬等人组织实行共爱会。

先后结识宋教仁等革命志士。

秋天在横滨加入三合会，被封为白扇。

9 月，创办发行《白话报》。

积极参与营救被捕的黄兴等人。

1905 年　30 岁

1 月，回国省亲，同时筹措学费。

6 月，在上海会见蔡元培。回绍兴与徐锡麟见面，由徐锡麟介绍加入光复会。

7 月，再赴日本。

在日语讲习所结业后，转入东京青山实践女校附设的清国女子速成师范专修科师范班学习。

到东京麴町区神乐坂武术会学习射击和炸药制作。

9 月，在黄兴寓所加入同盟会。

11 月，日本公布《清国留学生取缔规则》。秋瑾主张留学生立即回国以示抗议。

年底，离日归国。

1906 年　31 岁

3 月，到吴兴南浔女校担任日文、生理老师。

夏天，离开南浔去上海，筹办中国公学和《中国女报》。

6 月，在上海会见孙中山。

9 月，在上海虹口厚德里制造炸药造成爆炸受伤。

冬，到杭州发展光复会会员

12 月，母亲病逝。

1907 年　32 岁

1 月，《中国女报》创刊。

春，回绍兴主持大通学堂，经常穿男子服装，骑马出行。

去湖南湘潭向王家为革命筹款。

6 月，到石门徐自华家筹款，徐子华倾其所有，秋瑾以双翠环相赠。

7 月，徐锡麟在安庆刺杀安徽巡抚恩铭，被捕遇害。

7 月 13 日，在大通学堂被清政府逮捕。

7 月 15 日，在古轩亭口壮烈牺牲。